教·育·丛·书
SHĒNG MÌNG 生命 JIAOYU CONGSHU

人最宝贵的是生命，生命只有一次

生命的价值和意义

生命是灿烂的，是美丽的；生命也是脆弱的，是短暂的。让我们懂得生命，珍爱生命，让我们在生命中的每一天，都更加充实，更加精彩！

本书编写组
孟微微◎编著

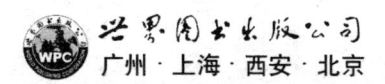

世界图书出版公司
广州·上海·西安·北京

图书在版编目（CIP）数据

生命的价值和意义 /《生命的价值和意义》编写组编.
广州：广东世界图书出版公司，2009.11（2021.11 重印）
ISBN 978-7-5100-1262-4

Ⅰ. 生… Ⅱ. 生… Ⅲ. 人生哲学-通俗读物 Ⅳ. B821-49

中国版本图书馆 CIP 数据核字（2009）第 204797 号

书　　名	生命的价值和意义
	SHENG MING DE JIA ZHI HE YI YI
编　　者	《生命的价值和意义》编写组
责任编辑	魏志华
装帧设计	三棵树设计工作组
责任技编	刘上锦　余坤泽
出版发行	世界图书出版有限公司　世界图书出版广东有限公司
地　　址	广州市海珠区新港西路大江冲 25 号
邮　　编	510300
电　　话	020-84451969　84453623
网　　址	http://www.gdst.com.cn
邮　　箱	wpc_gdst@163.com
经　　销	新华书店
印　　刷	三河市人民印务有限公司
开　　本	787mm×1092mm　1/16
印　　张	13
字　　数	160 千字
版　　次	2009 年 11 月第 1 版　2021 年 11 月第 7 次印刷
国际书号	ISBN 978-7-5100-1262-4
定　　价	38.80 元

版权所有　翻印必究
（如有印装错误，请与出版社联系）

光辉书房新知文库
"生命教育"丛书编委会

主　编：

梁晓声　著名作家，北京语言大学教授

王利群　解放军装甲兵工程学院心理学教授

编　委：

康海龙　解放军总政部队教育局干部

李德周　解放军西安政治学院哲学教授

张　明　公安部全国公安文联会刊主编

过剑寿　北京市教育考试院

张彦杰　北京市教育考试院

张　娜　北京大学医学博士　北京同仁医院主任医师

付　平　四川大学华西医院肾脏内科主任、教授

龚玉萍　四川大学华西医学院教授

刘　钢　四川大学华西医学院教授

张未平　国防大学副教授

杨树山　中国教师研修网执行总编

张理义　解放军102医院副院长

王普杰　解放军520医院院长　主任医师

卢旨明　心理学教授、中国性学会性教育与性社会学专业委员

执行编委：

孟微微　于　始

"光辉书房新知文库"

总策划/总主编：石　恢

副总主编：王利群　方　圆

本书编者

孟微微　青年教育工作者，科普作家

序：让生命更加精彩

在中国进入经济高速发展，物质财富日渐丰富的同时，新的一代年轻人逐渐走向社会，他们中的许多人在升学、就业、情感、人际关系等方面遭遇的困惑，正在成为这个时代的普遍性问题。

有媒体报道，近30%的中学生在走进校门的那一刻，感到心情郁闷、紧张、厌烦、焦虑，甚至恐惧。卫生部在"世界预防自杀日"公布的一项调查数据显示，自杀在中国人死亡原因中居第5位，15～35岁年龄段的青壮年中，自杀列死因首位。由于学校对生命教育的长期缺失，家庭对死亡教育的回避，以及社会上一些流行观念的误导，使年轻一代孩子们生命意识相对淡薄。尽快让孩子们在人格上获得健全发展，养成尊重生命、爱护生命、敬畏生命的意识，已成为全社会急需解决的事情。

生命教育，顾名思义就是有关生命的教育，其目的是通过对中小学生进行生命的孕育、生命的发展等知识的教授，让他们对生命有一定的认识，对自己和他人的生命抱珍惜和尊重的态度，并在受教育的过程中，培养对社会及他人的爱心，在人格上获得全面发展。

生命意识的教育，首先是珍惜生命教育。人最宝贵的是生命，生命对于我们每个人来说，都只有一次。在生命的成长过程中，我们都要经历许许多多的人生第一次，只有我们充分体验生命的丰富与可贵，深刻地认识到生命到底意味着什么。

生命教育还要解决生存的意义问题。因为人不同于动物，不只是活着，人还要追求人生的价值和意义。它不仅包括自我的幸福、自我的追求、自我人生价值的实现，还表现在对社会、对人类的关怀和贡献。没有任何信仰而只信金钱，法律和道德将因此而受到冲击。生命信仰的重建是中小学生生命教育至关重要的一环。这既是生命存在的前提，也是生命教育的最高追求。

生命教育在最高层次上，就是要教人超越自我，达到与自身、与他人、与社会、与自然的和谐境界。我们不仅要热爱、珍惜自己的生命，对他人的生命、对自然环境和其他生命的尊重和保护也同样重要。世界因多样生命的存在而变得如此生动和精彩，每个生命都有其存在的意义与价值，各种生命息息相关，需要互相尊重，互相关爱。

生命是值得我们欣赏、赞美、骄傲和享受的，但生命发展中并不总是充满阳光和雨露，这其中也有风霜和坎坷。我们要勇敢面对生命的挫折和苦难，绝不能在困苦与挫折面前低头，更不能抛弃生命。

生命是灿烂的是美丽的，生命也是脆弱的是短暂的。让我们懂得生命，珍爱生命，使我们能在生命中的每一天，都更加充实，更加精彩！

本丛书编委会

CONTENTS
目录

引言 ………………………………………………………… / 1

第一章 认识生命——生命是什么

　　生命的诞生需要地球母亲几十亿年的辛苦孕育，可见，今天世界上五彩斑斓的生命是多么来之不易。

　　生命是什么？它可以是石头下的种子，可以是路边的小草，可以是山间的野花，也可以是高山上的青松。

　　其实，人生就是一次快乐而艰巨的生命之旅，在这次生命的旅途中，有一马平川，也有崎岖不平。当生命旅途一帆风顺时，我们应该学会珍惜和仰望；当生命旅途颠簸不平时，我们应该学会敬畏和尊重。

人类生命的诞生 ……………………………………… 瘦驼 / 6
谈生命 ………………………………………………… 冰心 / 11
生命如花 ……………………………………………… 蒋光宇 / 14
生命的态度 …………………………………［俄］列夫·托尔斯泰 / 16
生命如一泓清水 ……………………………………… 俞敏洪 / 19
生命的韧性 …………………………………………… 方方 / 22
一气呵成的生命 …………………［美］弗雷德·艾伦·沃尔夫 / 24
生命的滋味 …………………………………………… 苏菡玲 / 27
生命 …………………………………………………… 沈从文 / 30
生命的滋味 …………………………………………［台湾］席慕蓉 / 33

1

永久的生命 …………………………………… 严文井 / 36
生命的召唤 ………………………………[美] 惠特曼 / 38
我的四季 ……………………………………… 张洁 / 40
人生七期 ……………………………………… 高士其 / 43
生命每天都要有所成长 ……………[美] 杰克·韦尔奇 / 46

第二章 追问生命——我们为什么而活着

　　生命本身是没有价值的，关键在于如何赋予生命以价值，如何最大限度地发挥生命的价值，实现自我发展和自我创造。
　　生命脆弱。人生无常。天灾人祸、意外事故、疾病爆发等等都会使人死亡。那么，我们活着的价值和意义是什么呢？活着，就应当带着感恩的心，珍惜自己拥有的，追求美好的理想，为人生目标不懈奋斗、开拓进取。同时，让我们爱着的人能够感受到我们的爱。这样，我们才活得快乐，活得充实，活得精彩。如果一辈子浑浑噩噩地活着，而始终没有明白活着的价值和意义，那么，简直是白在这世上走了一回。

人生有何意义 ………………………………… 胡适 / 52
人生真义 ……………………………………… 陈独秀 / 54
为什么而活着 ……………[印度] 阿肖克·高勒克里 / 58
生命在于付出 ………………………………… 巴金 / 61
人的价值 ………………………………[埃及] 萨达特 / 66
谈人生价值 …………………………………… 朱光潜 / 70
人生的意义 ……………………………[日本] 汤川秀树 / 72
漫谈人生的意义与价值 ……………………… 季羡林 / 76
生命的意义 ………………[奥地利] 阿尔弗雷德·阿德勒 / 79
点燃生命的圣火 ……………………………… 张容 / 81

活出意义来	[奥地利] 维克多·弗兰克 / 86
生命的意义	[苏联] 奥斯特洛夫斯基 / 89
只要有爱，就值得活在世上	[智利] 聂鲁达 / 91

第三章　珍惜生命——生与死的反思

与同学产生一点小摩擦，就蓄意杀人；学习压力太大，心理承受不了，就跳楼自杀……青少年生死观念的淡薄、对自己和他人生命的漠视令人担忧。对于每个人来说，生命都是美好的。面对美好的生命，我们不能漠视，更多的是要懂得尊重和珍惜，只有珍惜生命的美丽，才会懂得生命的意义。人生不能假设，更不可重新再来。错过了就是错过了，失去的也不再属于你，与其伤心感叹，倒不如更好地珍惜现在所拥有的。

热爱生命	[法] 蒙田 / 98
尊重自己的生命	周国平 / 100
活着的一万零一条理由	秦文君 / 103
生命的召唤	[美] 惠特曼 / 106
生	巴金 / 109
一片树叶	[日] 东山魁夷 / 115
生命不仅属于自己	肖复兴 / 118
生命真美好	[日] 伊藤桂一 / 121
活着，千万别错过生命	吴甘霖 / 124
生命是美好的	[美] 爱默生 / 126
不死鸟	[台湾] 三毛 / 128
生命的五种恩赐	[美] 马克·吐温 / 130
热爱生命	[德] 卡尔·威特 / 134

如果只能活半年 ……………………………… [美] 海伦·凯勒 / 137
珍爱生命 ……………………………………………… 周国平 / 140

第四章 经营生命——让生命之树常青

　　当生命之花绽放的时候，也是它最美的时候。我们要在生命最美的时候，珍惜生命的每一天，好好地生活，好好地做人，让自己每天都充实，每天都活出别样的精彩。这就是我们给生命价值献上的最好礼物。

生命的出口 ………………………………………… 林清玄 / 146
坚强地活着 ………………………………………… 张海迪 / 149
找寻生命目标 …………………………………… [美] 罗杰·布朗 / 152
石缝间的生命 ……………………………………… 林希 / 158
生命的邮件 ………………………………………… 白岩松 / 162
生命中的最后一天 ……………………… [美] 奥格·曼迪诺 / 165
生命的热忱 ……………………………… [美] 拿破仑·希尔 / 168
孩子，你还不够成熟 …………………………… [台湾] 三毛 / 171
把生命当做租赁 …………………………………… 蒋平 / 176
期许生命高飞 ……………………………………… [美] 鲍森 / 179
生命与创造 ……………………………… [法] 罗曼·罗兰 / 181
生命如屋 ………………………………………… 张丽钧 / 184
生命中的首要 …………………………… [法] 雅克·萨洛美 / 187
生命的账单 ………………………………………… 梅桑榆 / 190
青春小语 ………………………………………… [台湾] 罗兰 / 193
生命的三分之一 …………………………………… 邓拓 / 195

引 言

在一次讨论会上,一位著名的演说家没讲一句开场白,手里却高举着一张20美元的钞票。

面对会议室里的200多个人,他问:"谁要这20美元?"一只只手举了起来,他接着说:"我打算把这20美元送给你们中的一位,但在这之前,请准许我做一件事。"他说着将钞票揉成一团,然后问:"谁还要?"仍有人举起手来。

他又说:"那么,假如我这样做又会怎么样呢?"他把钞票扔到地上,又踏上一只脚,并且用脚碾它。尔后他拾起钞票,钞票已变得又脏又皱。

"现在谁还要?"还是有人举起手来。

"朋友们,你们已经上了一堂很有意义的课。无论我如何对待那张钞票,你们还是想要它,因为它并没贬值,它依旧值20美元。人生路上,我们会无数次被自己的决定或碰到的逆境击倒、欺凌甚至碾得粉身碎骨。我们觉得自己似乎一文不值。但无论发生什么,或将要发生什么,在上帝的眼中,我们永远不会丧失价值。在他看来,肮脏或洁净,衣着齐不齐整,我们依然是无价之宝。生命的价值不依赖于我们的所作所为,也不仰仗我们结交的人物,而是取决于我们本身!"

的确,生命是有价值的。它的价值首先在于,我们拥有了生命。生命,这是一个人最大的财富。

人活到一百岁,和只活到二三十岁的人,根本上并没有什么差别。

生命的价值和意义

虽然，前者多活几十年，后者少活了几十年，但这只是人们观念上的感觉与执著，对于懂得生命意义，清楚宇宙真谛的人来说，存在的长短已不觉得那么重要。

对于每个人来说，生命是一次快乐而艰难的旅程，只有勤奋、不畏艰险的人才能顺利到达目的地。生命是美丽的，也是短暂的，因此我们要珍惜生命中的每一天。

生命是自然的奇迹，是这个世界上最珍贵的，它值得敬畏和礼赞。让我们从这本书中去寻找、发现生命的真谛，在生活、学习中去体验、理解、领悟生命的意义吧！

第一章

认识生命

生命是什么

生命的诞生需要地球母亲几十亿年的辛苦孕育，可见，今天世界上五彩斑斓的生命是多么来之不易。

生命是什么？它可以是石头下的种子，可以是路边的小草，可以是山间的野花，也可以是高山上的青松。

其实，人生就是一次快乐而艰巨的生命之旅，在这次生命的旅途中，有一马平川，也有崎岖不平。当生命旅途一帆风顺时，我们应该学会珍惜和仰望；当生命旅途颠簸不平时，我们应该学会敬畏和尊重。

生命的价值和意义

新华网登载过这样一篇报道：

2006年2月，杭州萧山区闻堰镇发生一起震惊社会的杀人分尸案。年仅18岁的女青年陈洁仅仅因为耳闻同龄的18岁女孩陈红在背地里讲她坏话，觉得很没面子，便伙同朋友张某等5人将陈红骗出家门，先后以殴打、掐脖、腰带勒等手段导致其机械性窒息死亡。随后对尸体实施肢解，并分别将尸块抛于钱塘江和埋在垃圾堆里。12月6日，杭州市中级人民法院对此案作出终审判决，5名犯罪嫌疑人中有两人被判处死刑。在这起性质恶劣的案件中，5名犯罪嫌疑人中有4人为女性，其中年龄最小的不到16周岁，最大的不到19周岁。作案手段之残忍，很难想象是几个还没有成年的青少年所干。

发生在萧山的这起案件并不是偶然个例。2005年12月24日，山东潍坊3名不满20岁的男青年因不满打工太累、赚钱太慢，竟搭乘出租车，用自制的手枪枪击司机，致使司机死亡。夺取司机钱财后，3人将尸体抛入水库。2004年，北京4个未成年人绑架人质索要150万元赎金，并在赎金到手前将人质杀害，他们于11月11日被北京市第一中级法院分别判处无期徒刑和有期徒刑。在听到法庭判决时，4个少年竟相视而笑，庆幸自己逃过了死刑。

据了解，目前我国青少年犯罪呈低龄化趋势，且作案手段残忍，有的青少年杀人后，还能正常上学，像什么事都没发生一样，没有恐惧感，没有罪恶感。他们对生命的无知令人震惊，在他们眼中，生命的价值不过就是"碳水化合物"。

地球因生命而生机勃勃，世界因生命而丰富多彩。生命是来之不易的。生命的诞生既是一种偶然，更是一种幸运……

科学告诉我们：我们来自于受精卵。受精卵是爸爸的精子和妈妈

第一章　认识生命——生命是什么

的卵子的结合。几百万个精子争先恐后地游向他们的终点——隐蔽在输卵管中的卵子。如果在输卵管内正好遇到从卵巢里排出的卵子,这些精子就会立即包围卵子。每个精子都试图穿透卵泡壁进入其中,但一般最终能攻破卵子的只有一个。精子和卵子相遇后形成受精卵,即生命的雏形。

受精卵回到妈妈的子宫腔,住在温暖舒适的子宫里,开始了长达280天左右的"寄居"生活。受精卵分裂形成胎儿,胎儿通过脐带、胎盘从妈妈的身体里获得充足的营养,在妈妈的子宫里发育成长。

9个月后,胎儿成熟了,可以到外边的世界生存了。妈妈的子宫发生剧烈收缩,迫使胎儿从阴道分娩出。这就是生命诞生的全过程。

原来,我们来自于一个受精卵,是爸爸妈妈爱的结晶,并不仅仅是简单的"碳水化合物"。我们能来到这个世界上是幸运的,所以我们有必要珍惜这份来之不易的幸运。

人类生命的诞生

瘦　驼

生命是宇宙给予地球最宝贵的一份礼物，我们知道，动物有生命，植物有生命，微生物也有生命，而我们人类的生命是地球所有生命中最具灵性、最奇特的。那么，你知道你我的美丽生命是如何诞生的吗？

一般来说，分娩、第一声啼哭，是我们被赋予人的社会属性的神圣一刻。与之相比，人们对我们自己何时被赋予人的自然属性并没有相对统一的认识。我们作为社会人之前接近300天的"生前事"，是一部真正壮观而充满凶险的历史，绝不逊色于我们百年的"生后事"。

成年女性一年中，大概只有30天可以受孕。每次月经周期的中间，女性的卵巢都会释放一个（偶尔会多于一个）卵泡。这个卵泡是由一堆颗粒细胞簇拥着的一个次级卵母细胞，此时，我们还不能叫它卵细胞。排卵时，卵泡破裂，这个次级卵母细胞穿着透明的衣服（透明带）被输卵管的大伞（输卵管漏斗部）捕捉，开始了向子宫的漫漫长征。如果24小时内它得不到精子的生命之吻，这个次级卵母细胞便会萎缩消失。

与此同时，上亿个精子喷薄而出，等待它们的第一道关口就是阴

第一章　认识生命——生命是什么

道的酸性分泌物，超过一半的精子死于这里。幸存者将穿过子宫颈口，游过子宫，向输卵管的壶腹部进发。这全程相当精子长度的5万至10万倍，而它们要在2小时内赶到。最终，300个左右最强壮的精子到达目的地。

最终，有一个幸运的决定性的精子将穿透透明带，融进次级卵母细胞的细胞膜。这一瞬间，透明带将发生本质的变化，卵子的大门从此关闭。同时，次级卵母细胞开始一次蜕变，它进行一次减数分裂，变成一个真正的卵细胞。几小时后，这个卵细胞与精子的细胞核融为一体，我们的一切基因特征从此确立，终生不变。我们作为一个生命的历史从此开始：

1天后受精卵两次分裂，产生4个细胞。

3天后产生12～16个细胞，整个胚胎是一个实心小球，如同一个微缩的桑葚。

4天后分裂出大约100个细胞，中间有一个空腔，此时的胚胎称为胚泡。胚泡的空腔里有一些被称为内细胞团的细胞，这些细胞将来将变成一个真正的人体，但目前还看不出它们有任何不同。同样的，这些细胞就是被视作珍宝的胚胎干细胞。

经过4天的跋涉，这个小泡进入子宫里。有一些不幸的胚泡没有进入子宫，它们会形成危险的宫外孕。

5天后胚胎结束在子宫中的游荡，子宫内膜此时已经做好了接收胚胎的准备，胚胎埋入子宫内膜。

第1周过去，已经包含大约1000个细胞的胚胎的个头并没有增长，它正努力在子宫内膜中扎根。

第2周，那些内细胞团的细胞逐渐分化成了两层，称为胚盘，看起来像个小白斑。此时，整个胚胎大约有0.4毫米大小……

第3周，小小的胚盘中央出现了一条小小的隆起，这个隆起的中央又凹陷下去，称为原沟，胚胎的头尾从而得以确立。本周末，第3层细胞出现，这是肌肉、骨骼和大部分内脏的前身。3个细胞层的确立，标志着我们的胚胎不再犹豫不决，它的方向已经确定。偶尔出现分裂错误，将导致连体婴儿。此时胚胎大约有1.5毫米大。

第4周，胚胎的大脑和脊髓的原型神经管出现了，脐带和胎盘也已经成型。眼睛、鼻子和耳朵的雏形出现。

这个周末，胚胎长5毫米，看上去像一条刚孵化的鱼苗。

第5周，胚胎的四肢已经萌芽，身长约8毫米，看上去像只蝾螈。

第6周，胚胎的视网膜开始出现色素，一个深色的眼点清晰可见；耳朵也长出来了。身长约12毫米。

第7周，胚胎的手指和脚趾开始从肉块中分离出来；五官依稀可见。此时身长约20毫米。

第8周，胚胎的手指和脚趾分节，眼皮开始形成；外生殖器官出现，但还看不出性别。此时内生殖器官已经形成，如果胚胎将来是个女孩，她一生中所有的卵子都已经在此时开始准备。此时胚胎身长约35毫米。

第9周，胚胎的上下眼皮此时闭合为一体，心脏开始以每分钟超

第一章 认识生命——生命是什么

过150次的频率跳动，指纹出现了。我们终于可以报出它的体重了，这时候的胚胎——已经可以叫做胎儿——身长50毫米，重8克！

第10周，胎儿手指甲开始生长。身长61毫米，体重14克。

第12周，如果是个男孩，我们可以看到小茶壶嘴儿了。身长87毫米，体重45克，快一两啦！

第14周，胎儿脚趾甲也开始生长了。此时她/他的口腔发育完毕，如果不幸是个唇腭裂的小天使，这个时候已经可以看清楚了，当然，是通过B超。身长120毫米，体重110克。

第18周，胎儿耳朵竖起来了，胎脂覆盖了小家伙皱巴巴的皮肤。身长160毫米，体重320克。

第28周，胎儿头上身上生出了胎毛，手指甲长齐，眼皮第一次睁开。身长350毫米，体重1000克。

第30周，胎儿眼睛可以完全睁开了，真正的头发开始生长。如果是个男孩，他的睾丸开始由腹腔下降到阴囊里，这个过程如果出了岔子，就会出现隐睾症，免不了以后还要挨刀。身长410毫米，体重1700克。

第36周，胎体丰满，皮肤光滑，胎毛消失，四肢蜷曲在胸前。身长450毫米，体重2500克。

第37周，胎儿的肺开始分泌一种表面活性剂，让肺泡可以自由扩张，做好一切准备，迎接复杂残酷的母体外的生活。身长500毫米，体重3000克。

第38周，在某个良辰吉日，小宝宝就要诞生了。

生命的价值和意义

你看，生命的诞生经历了这样一个千辛万苦的过程。所以，每一个生命都是宝贵的，每一个生命都是值得珍惜的。

（有删改）

生命感悟
sheng ming gan wu

还记得我们小时候用天真的眼神望着父母，撒着娇问妈妈我们是从哪儿来的么？长大一点，会知道作为一个母亲，怀胎十月，生育的不易。但是，我们以为仅仅是"不易"，其实却是凶险万分。孕前反应、孕中身重、生产过程——每一个环节稍有不慎，一个生命便可能消逝不见，更别提这个小生命形成过程中的生理和心理斗争了。

所以，生命本身就是一个孕育了太多痛苦与喜悦的奇迹。有什么理由，我们会不珍惜自己创造的这个奇迹，让这个奇迹在以后的过程中，变得更加有意义呢？

第一章 认识生命——生命是什么

谈生命

冰 心

我不敢说生命是什么,我只能说生命像什么。

生命像向东流的一江春水,他从最高处发源,冰雪是他的前身。他聚集起许多细流,合成一股有力的洪涛,向下奔流。他曲折地穿过了悬崖峭壁,冲倒了层沙积土,挟卷着滚滚的沙石,快乐勇敢地流走。一路上他享受着他所遭遇的一切:有时候他遇到峻岩前阻,他愤激地奔腾了起来,怒吼着,回旋着,前波后浪地起伏催逼,直到他过了,冲倒了这危崖,他才心平气和地一泻千里;有时候他经过了细细的平沙,斜阳芳草里,看见了夹岸红艳的桃花,他快乐而又羞怯,静静地流着,低低地吟唱着,轻轻地度过这一段浪漫的行程;有时候他遇到暴风雨,这激电,这迅雷,使他心魂惊骇,疾风吹卷起他,大雨击打着他,他暂时浑浊了,扰乱了,而雨过天晴,只加给他许多新生的力量;有时候他遇到了晚霞和新月,向他照耀,向他投影,清冷中带些幽幽的温暖:他只想憩息,只想睡眠,而那股前进的力量,仍催逼着他向前走……

终于有一天,他远远地望见了大海,啊!他已到了行程的终结。这大海,使他屏息,使他低头,她多么辽阔,多么伟大,多么光明,又多么黑暗!大海庄严地伸出臂儿来接引他,他一声不响地流入她的怀里。他消融了,归化了,说不上快乐,也没有悲哀!也许有一天,他再从海上蓬蓬的雨点中升起,飞向西来,再形成一道江流,再冲倒

生命的价值和意义

两旁的石壁,再来寻夹岸的桃花。然而我不敢说来生,也不敢信来生!

生命又像一棵小树,他从地底聚集起许多生力,在冰雪下延伸,在早春润湿的泥土中,勇敢快乐地破壳出来。他也许长在平原上,岩石上,城墙上,只要他抬头看见了天,啊!看见了天!他便伸出嫩叶来吸收空气,承受日光,在雨中吟唱,在风中跳舞。他也许受着大树的荫遮,也许受着大树的覆压,而他青春生长的力量,终使他穿枝拂叶地挣脱了出来,在烈日下挺立抬头!

他遇着骄奢的春天,他也许开出满树的繁花,蜂蝶围绕着他飘翔喧闹,小鸟在他枝头欣赏唱歌,他会听见黄莺清吟,杜鹃啼血,也许还听见枭鸟的怪鸣。他长到最茂盛的中年,他伸展出他如盖的浓荫,来荫庇树下的幽花芳草,他结出累累的果实,来呈现大地无尽的甜美与芳馨。秋风起了,将他的叶子由浓绿吹到绯红,秋阳下他再有一番庄严灿烂,不是开花的骄傲,也不是结果的快乐,而是成功后的宁静和怡悦!

终于有一天,冬天的朔风,把他的黄叶干枝,卷落吹抖,他无力地在空中旋舞,在根下呻吟。大地庄严地伸出臂儿来接引他,他一声不响地落在她的怀里。他消融了,归化了,他说不上快乐,也没有悲哀!也许有一天,他再从地下的果仁中破裂了出来,又长成一棵小树,再穿过丛莽的严遮,再来听黄莺的歌唱,然而我不敢说来生,也不敢信来生。宇宙是一个大生命,我们是宇宙大气中之一息。江流入海,叶落归根,我们是大生命中之一滴,大生命中之一叶。在宇宙的大生命中,我们是多么卑微,多么渺小,而一滴一叶的活动生长合成了整个宇宙的进化运行。

不是每一道江流都能入海,不流动的便成了死湖;不是每一粒种

第一章 认识生命——生命是什么

子都能成树，不生长的便成了空壳！生命中不是永远快乐，也不是永远痛苦，快乐和痛苦是相生相成的，等于水道要经过不同的两岸，树木要经过常变的四季。在快乐中我们要感谢生命，在痛苦中我们也要感谢生命。快乐固然兴奋，苦痛又何尝不美丽？

生命感悟
sheng ming gan wu

有的人说，生命这种捉摸不定的东西，不值得费心伤神去思考什么意义。这是主流的"活在当下"说法。活在当下固然没错，但如果糊涂一生，也算枉来人世。

生命是一个既玄虚又实在的东西，没有人能透过现象看到真正的本质，只能用心去领略和体会它的无限丰富。生命是一场太过沉重的过程，而且没有时间为犯下的错误修改，所以更应该在开始时就想好自己真正要驶向的方向。剩下的，就是珍惜每一步踏出的脚印。

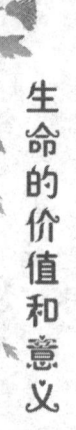

生命如花

蒋光宇

有一个少年，认为自己最大的弱点是胆小。为此，他很自卑。父母带着他去看心理医生。医生耐心地听完介绍，握住他的手，非常肯定地说："你只不过非常谨慎罢了，这显然是个优点嘛，怎么能叫弱点呢？谨慎的人总是很可靠，总是很少出乱子。"

少年有些疑惑："那么，勇敢反倒成为弱点了？"

医生摇摇头："不，谨慎是一种优点，勇敢是另一种优点。只是人们通常更重视勇敢这种优点罢了，就好像白银与黄金相比，人们往往更注重黄金一样。"

医生问："你讨厌酒鬼吗？"

少年说："当然。"

医生问："那你讨厌李白吗？"

少年说："怎么会呢？"

医生问："难道李白不是酒鬼吗？"

少年纠正医生的话："不对，李白不是酒鬼，而是爱喝酒的诗人，他能斗酒诗百篇呢。"

医生笑道："对，我赞同你的观点，弱点在不同的人身上，会呈现不同的色彩：有的喝酒人，仅仅是个酒鬼；而李白则是喝酒人中的诗仙。"

医生又说："天底下没有绝对的弱点。所谓的弱点，在一定条件下也可能成为优点。如果你是位战士，胆小显然是弱点；如果你是司机，胆小肯定是优点。"

第一章 认识生命——生命是什么

　　弱点与优点相通,并能相互转化,这虽然是心理医生对男孩的开导或安慰,但也有确凿的科学依据。

　　有一位外科医生,在多年的临床实践中发现了一连串奇怪的现象:患心瓣堵塞症的患者,心脏奇迹般地增大,好像是在努力改变心脏存在的缺陷;另外,耳朵、眼睛和肺等器官,也莫不如此。

　　用积极的态度对待自己的弱点,有一个极其重要的作用,就是能产生一种弥补的心理,产生一种开发潜能、超越自我的强大动力。比如世界文化史上的三大怪才就是这方面的卓越典范:文学家弥尔顿是盲人,大音乐家贝多芬双耳失聪,天才的小提琴演奏家帕格尼尼是哑巴。

　　生命如花。每个人的生命都像一朵花,尽管不可能是完美无缺的一朵花。有的像艳花,有的像香花,有的像艳而香的花。艳花大多不香,香花大多不艳;艳而香的花大多有刺。只要艳者取其艳,容其不香;香者取其香,容其不艳;艳且香者取其艳香,容其有刺,每个人的生命都可能成为最灿烂、最精彩、最具特色的一朵花。

生命感悟
sheng ming gan wu

　　盲人可以写出惊天巨著,聋子可以谱出不朽篇章;胆小可以是谨慎,勇敢过头或许变成了鲁莽。是谁说过,上帝对你关上了一扇门,必然会为你开启另一扇。

　　世界上没有绝对的优点,也没有绝对的缺点。所以我们自身便在这无数的排列组合可能中独一无二。

　　生命如花,我们自己便是其中最美的一朵。自信的花蕊配上善于发掘的心窍,谁说野百合不能有怒放的春天?

生命的态度

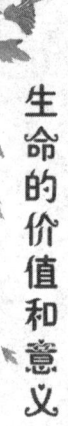

[俄] 列夫·托尔斯泰

我们只可能把生命理解为一种对世界的态度,而不可能做别的理解:我们这样理解自己的生命,我们也这样理解别人的生命。但我们认为自己的生命不仅仅是一种现有的对世界的态度,而且是通过动物性越来越服从于理性,以及更大程度的爱的表现而确立的对世界的新态度。我们在自己身上看到的肉体存在不可避免要灭亡的事实向我们表明,我们对待世界的态度不是固定不变的,我们必须确立新的态度。这种新态度的确立,即认定生命是一种运动,将消除死亡的概念。只有不承认自己的生命在于确立对世界的理性态度,并将这种态度表现在越来越多的爱中的人,才会有死亡的概念,这种人对世界的态度是,在与他一同生存的人之中,他爱一部分人,不爱另一部分人。

生命是永不停止的运动,人若停留在那种对世界的态度上,即停留在他生命刚刚开始的时候所具有的那种爱的程度上,他就会感到生命停顿了,就会想到死亡。

只有对这样的人,死亡才是可见的和可怕的。这种人的整个生存就是一种不断的死亡。对他来说,死亡的可见和可怕不仅仅体现在将来,而且也体现在现在,体现在从小到老的他的动物性生命的灭退上,因为从童年到壮年的生存运动只是表现为暂时的力的增长,而实质上却是肢体变得粗糙,灵活性和生命力在减弱,这样的变化是从生到死一直不断地进行着。这种人经常在自己面前看到死亡,没有任何力量能把他从死

第一章 认识生命——生命是什么

亡中拯救出来。这种人的状况每日每时地坏下去，任何力量也不能使他的状况得到改善。爱一部分人而不爱另一部分人的这种对待世界的特别的态度，对这种人来说只是他生存的条件之一，而生命唯一重要的事，即确立对世界的新态度，增加爱，在他看来却是不必要的。他的整个生命是在一种实际上不可能达到目的的过程中度过的：即想逃避不可避免的生命力的灭退、粗糙化和衰弱，想逃避衰老和死亡。

但是，对理解生命的人来说情况就不一样了。这样的人知道，他从他所不知晓的过去把自己爱一部分人而不爱另一部分人的这种对待世界的态度带到现在的生活中来了。他知道，这种由他带到他的生活中来的对一部分人的爱和对另一部分人的不爱，就是他的生命的本质；这不是他的生命的偶然属性，只有这一属性包含生命的运动，他也认为他的生命只存在于这种运动中，存在于爱的不断扩大中。

看看自己经历过的生活，根据他所记得的一系列意识，他看到他对世界的态度在变化，对理性法则的服从在增加，爱的力量和领域也在不停地增加，这给予他越来越多的幸福，有时甚至成反比例地降低着个体生存的意义。

这样的人理解他的生命是从他所不知晓的过去发展而来的，他意识到生命是在不断地发展着的，他不仅平静地，而且是快乐地度过自己的生命，也同样平静快乐地面向不可知的未来。

有人说，疾病、年老、衰弱，变得像孩子一样，就是人的意识和生命的灭亡。对哪个人来说是这样呢？我想象传说中返老还童的使徒约翰，据说，当时他只说了一句话："弟兄们，你们要相爱！"一个步履蹒跚的百岁老人，用含糊不清的声音只说了五个字："你们要相爱！"在这样的人身上，动物性的存在已经到头了，它已经被对世界

生命的价值和意义

的新态度、被动物性的人所容纳不下的新生命吞没了。

对于把生命理解成只存在于现实之中的人，由于病老而引起的生命的减弱，以及对这一点所感到的悲伤与一个正在走向光明的人，当他身上的阴影随着一步步接近光明而减少时，他所感到的悲伤是同样的。相信肉体的灭亡就是自己生命的灭亡，就同相信一个物体进入到强烈的光线底下，它的影子的消失就是这个物体的消失一样荒谬。只有那个长久以来只看着物体的影子，最后把影子想象成了物体本身的人，才会作出这样的结论。对于不依据自己在时空中的存在，而依据自己日益增长的对世界的爱来看待自己的人来说，时空条件的影子的灭亡只是更大的光明到来的标志。把自己的生命理解成一种对世界的独特态度（这种态度是他带入到自己的生存中的，并且随着爱的不断扩大而不断成长）的人，对自己的灭亡的看法，就如同一个了解世界外部规律的人，他相信母亲肯定会在卷心菜的叶子下面找到他，然后他的身体会突然飞向某个地方，一点儿痕迹也不留下。

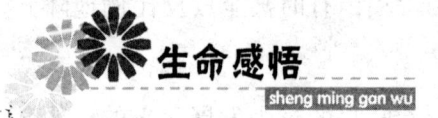

生命感悟
sheng ming gan wu

我们常会有这样一种感觉，积极、主动、有兴趣地去做一件事，效率会非常高，心情也会很好。相反，如果消极抵触，十分被动地做事，效率就会非常低，而且常常不开心。

这就是态度。如同普希金诗里的那句话：好日子要慢慢地过，坏日子要飞快地过。这也是态度。

在我们的生命里，态度很重要，也就是心态很重要。有了一个积极主动，要求上进的心态，其实已经成功了一半。

第一章　认识生命——生命是什么

生命如一泓清水

俞敏洪

生命如一泓清水，源头处没有一点儿污染。童年的我们无忧无虑，笑容灿烂，生活就像水晶般透明，没有任何苦涩的内容。

生命如一泓清水，青年时的我们如乘势的水流，不希望有堤岸的存在。我们渴望像水一样流动，流出父母的怀抱，流离家庭的羁绊，流入一片陌生的天地，去寻找生活，寻找值得终生追求的事业，寻找真正的爱情，和我们所爱的人合二为一，终身相守，就像两股清水，融合得了无痕迹。

生命如一泓清水，曾经以为这个世界像我们一样的清澈，便一头扎进去，却发现所到之处和我们想象的不一样，有清流、浊流，有暗流、激流。我们常常不由自主地被挟带着向前流动，或平缓，或湍急。流向什么地方，连我们自己都不知道。有时候我们依然能够保持一泓清水的情怀，尽管有许多痛苦和迷茫，但仍保留一份高洁；我们有时也会失去了自己的本色，变得浑浊、激荡，有时甚至会同流合污，完全迷失自己。

生命如一泓清水，不流动就会腐臭。经历了各种挫折和打击后，有的人失去了梦想和勇气，也失去了青春的热情和对未来的追求。而相信未来是青春存在的唯一标志，如果没有对未来的期待，生命就将

生命的价值和意义

如一潭死水。不管经历多少苦涩，我们都不应胆怯。胆怯是生命的堤坝，使心灵失去对自由的向往。只要不自我封闭，勇敢向前，没有什么能够阻挡我们对自由的向往和对美好生活的追求，也没有什么能够阻挡我们走遍天涯的梦想。

很多人不愿面对挑战，把自己封闭起来，变成一潭不再流动的水。他们屈服于停滞的生活，屈服于命运可怜的安排，日复一日地重复着同样的工作、语言和思想，不再探索外面世界的精彩，也丧失了灵魂深处对于伟大的崇拜。他们表面上变得平静，变得与世无争，但是一潭不流动的水，久而久之便会生出绿锈，变得腐臭。这样的生命，躯体虽存，灵魂已死。

生命如一泓清水，需要流动。让我们打开心灵的堤坝，融入溪流，汇入大江，奔腾入海。也许我们会变得浑浊，也许我们会被暗礁撞得遍体鳞伤，但我们的生命将奔腾不息，变成大海中不可分割的一部分，在浩荡之中再次变得清澈，变得博大，变得宽阔无边。在阳光的照耀下，我们的生命将会进一步提升。我们可以升腾为天上的云彩，在天空中自由翱翔；也可以化做雨露，给干涸的土地以绿色的希望。我们可以渗透在每一个生命的成长之中，然后再次化为一泓清水，给自己的生命一次次的梦想，经历一次次惊喜的旅程。如此周而复始，我们的生命将变成世间万物的一部分，永远生生不息。

生命如一泓清水，让我们每个人都能拥有水的清澈、水的活力、水的自由和水的生命！

第一章 认识生命——生命是什么

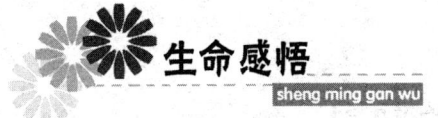

生命感悟
sheng ming gan wu

忽然想起清朝朱熹的那句诗："问渠哪得清如许？为有源头活水来。"水孕育了生命，生命如一泓清水。然而清水如果一旦停滞，不过是死水一潭。所以生命在于运动。

或许少年时有不羁的叛逆，为一片自由的天地不愿靠岸；或许中年时长于世故，习惯于潜规则中的尔虞我诈；或许老年时看破尘世，再没有什么能让心湖泛起涟漪。

长大后才知道风筝飞得高是因为有线的牵引；老去时才明白虞诈之后一切成空；生命终结时才想起些许留恋，才知道什么是人间大爱。

生命如一泓清水，我们必须让这泓清水奔流不息，否则便会失去生命的方向。

生命的价值和意义

生命的韧性

方方

　　我在很早的时候就认识了一个老人，这个老人是我邻居的一个亲戚。他常常搭汽车从老远的地方来看望我的邻居，来后便静静地坐在那里，用他一口地道的汉口话同邻居娓娓交谈。有时我也上前插上两句嘴，他从来没有因为我是个小孩子而冷淡我。他的语气总是很平静，表情总是很和蔼，你从他的脸上很难看出他有过怎样的经历。所以当我的邻居对我讲他家发生的事时，我简直是大大地吃了一惊。

　　这位老人年少时，他的父母便双双去世了，他从小就是个孤儿。后来他长大成人，娶妻生子，有了一个安定的家。却不料人到中年，妻子在给他留下两儿两女之后一病而逝，从那时起，他便既当爹又当妈地抚养孩子。看着孩子一天天地长大，他心灵上总算还有些安慰。但是在20世纪60年代初的一个夏天，他的两个儿子同去汉江游泳，双双淹死在那条江中。中国有句老话，说人生三大痛，莫过于少年丧父，中年丧妻，老年丧子。这都是人生的大悲大痛，而我认识的这位老人却每一样都经历过了一次。现在老人只剩下了两个女儿，女儿长大后也都事业有成，大学毕业后均分配到了外地工作。然而，不幸的事再一次降临到这个老人身上：70年代中期的一个冬天，老人远在云南工作的二女儿突然在一个夜晚被人谋杀，原因至今都没有查明，袭击老人的依然是令人肝胆俱碎的大悲大痛。这事之后，老人明显地更老了，虽然谁都能通过他的眼睛看到他内心深处的悲伤，但他在待人

第一章　认识生命——生命是什么

接物时依然声音平静、表情和蔼，你能感到他一点儿也不想让别人因他的悲哀而心生怜悯之情。

生命能够承受多大的重量，生命有着怎样的韧性，其实我们常常是弄不清楚的，我们更为清楚的是生命的脆弱。考试失败、晋级受挫、邻里失和、家庭矛盾、恋人移情、小孩吵架、兄弟斗嘴等等，甚至许多鸡毛蒜皮的事也都可以令人失去理性，心智大乱而导致生命危机：自杀和杀人。所以很多思想深刻的哲人在总结形形色色的人生后都慨叹生命何其脆弱。

但是也有一些人，人间所有的苦难和不幸都好像冲他而来，他痛苦，却承受了下来，依然清醒而冷静，依然从容而坚定，一丝不苟地走着自己的人生路。他们如此地活在世上就仿佛是要专门证明给人们看：生命到底有怎样的坚韧。

比如我认识的那位老人。

生命感悟 sheng ming gan wu

常有身边的朋友抱怨生活中的诸多不顺，万千委屈溢于言表。这样的人总有一种共同的特点，就是觉得自己经历的多，有点儿小委屈便一副苦大仇深的样子。反倒是那些真正历经沧桑的人，却面容平静，心中万千沟壑，化作一马平川，返璞归真。

这便是生命的韧性，你以为它在无数次的挫折和灾难中易悲易痛易沉重，却不知道生命有承担苦难的韧性，几欲折断，却依然坚挺。看上去坚强的，未必坚强；看上去脆弱的，未必脆弱。只是希望，我们的生命，能多一些这样的韧性，历久弥新。

生命的价值和意义

一气呵成的生命

[美] 弗雷德·艾伦·沃尔夫

　　人生数十寒暑，某些记忆会铭刻在心，频频回味难以忘怀；有些则只是随风飘逝，不留下太多痕迹。想想看：在每一天结束之前，你是否因当天特别的遭遇而有所感悟？而在你目前的生活中，哪些人、事占有举足轻重的地位？

　　当你回首、过滤生命后，思想的滤纸只留住生命的结晶——它们总是让人记忆深刻，意义非比寻常。某些人会为了求得生活多一层保障，不断地工作赚钱；有人一心求取学位，光耀门楣；也有人志在游遍天下，寻获无穷乐趣。这些可能都是尚未实现的梦想，而梦的主人正全心期盼，希望一偿夙愿。很多人都有这样的期待，相信终究可以逐一填满生活的空隙。于是，寻梦的人群，翘首盼望美梦成真的时刻到来。

　　事实上，生命是一个连续的过程，而非一面拼图。不管是清理房子、整理花园、休闲度假或洽谈生意，都一样重要——因为它们同是生命的一部分。现在，请先想想以下的问题：哪些事情可以从你的生活中抽离舍弃？你对它们抱着怎样的态度？又有什么事情是你始终不喜欢，却又甩不掉的？你是否曾认真想过，既然自己并不喜欢，为何它们总是不断出现呢？

　　既然生命是连续的过程，踏出的每一步必定会影响下一步。生命是串联而成的观念，即是鼓励人将生命视为一个整体来看待。以

第一章 认识生命——生命是什么

养育孩子为例,做父母的态度常会受自我评价、对工作和环境的看法不同,而有所差别。这也是所谓的"骨牌效应"——前一件事对于后来即将发生的事情,势必有相当程度的影响。一旦你将生活中的某些插曲视为不相关的片断事件,也就表示它们不久便会被打入冷宫,片刻就被遗忘。除了自己,没有人知道你的生命中究竟发生过什么。所以,一般人总是尽可能避开自己不喜欢的人和事。但是,这种态度并不正确。

如果此刻某件事让你觉得不对劲,而你又无意认真处理时,请暂时停下来,休息一分钟,反省一下,问问自己:"难道这不也是我生命中的一部分吗?"

生命是篇一气呵成、没有休止符的交响乐章,凡经历过的,必留下痕迹。唯有全心拥抱自己的生命,方能朝生命的目标迈进。切莫忽视生活中任何一项小细节,更不要藐视它们可能带给你的影响。

除了自己,无人能赋予生命任何不寻常的意义。既然生活观会深深影响个人对生命的诠释,那么何不尝试着从整体的角度来看待自己的生活?说不定你的生命因而转变,使你懂得珍惜眼前的一切。应该好好运用时刻跃动的生命力,来安排现在的生活。若是你对生活感到兴味索然,就赶紧集中心力做好手边的工作。切实做好每一件事,生命自然不再是断简残编。有了这样的决心,你会发现:原来自己一直想做而未付诸实践的计划,就是被那些自己悍然排斥的事情所耽误。所以,请全心投入你的生活,对生命中发生的一切都存一份平常心,继续向前行。

生命的价值和意义

🌸 生命感悟
sheng ming gan wu

常会有朋友对一些往事后悔不已，叨念着"假如那会儿我不要……就好了……"也有朋友对现状心生不满，满眼都写着失望和牢骚；也会在生活中听到长大后的孩子们摇头晃脑批判着自己曾经的"幼稚"。然而，生命是一个连续的过程，而非一面支离破碎的拼图。亚马逊河流一只蝴蝶扇动翅膀，带来非洲一场风暴。

著名的"蝴蝶效应"理论告诉我们，生命中经历的每个阶段、每个故事、遇到过的每个人，都会影响到整个生命的过程。所以，不必再对一段往事耿耿于怀，也不必对现在诸多抱怨。没有从前的幼稚，哪会有现在游刃有余的成熟？没有过去犯过的错误，怎么能知道现在正确的方向？那些过往，都是我们生命中的美好，而且弥足珍贵。

第一章 认识生命——生命是什么

生命的滋味

苏菡玲

"只有一个真正严肃的哲学问题，那就是自杀"，这是加缪《西西弗斯神话》里的第一句话。朋友提起这句话时，正躺在医院急诊室的病床上，140粒安定药没有撂倒他，又能够微笑着和大家说话了。

另一位朋友肺癌晚期，一年前医生就下过病危通知书，是钱、药、家人的爱在一点一点地延长着他的生命。对于病人，病痛的折磨或许会让他感到生不如死，对于亲人来说，不惜一切代价，只要他活着，只要他在那儿。

人无权决定自己的生，但可以选择死。为什么要活着？怎样活下去？是终生都要面对的问题。

有一个春天很忧郁，是那种看破今生的绝望，那种找不到目的和价值的空虚，那种无枝可栖的孤独与苍凉。一个下午我抱了一大堆影碟躲在屋内，心想就这样看吧看吧看死算了。直到我看到它——伊朗影片《樱桃的滋味》，我的心弦被轻轻地拨动了。

那时我的电脑还没装音箱，只能靠中文字幕的对白了解剧情。剧情大致是这样的：

巴迪先生驱车走在一条山间公路上，他神情从容镇静，稳稳地操纵着方向盘。他要寻找一个帮助埋掉他的人，并付给对方20万元。一个士兵拒绝了，一位牧师也拒绝了，天色不早了，巴迪先生依然从容镇静地驱车在公路上寻觅。这时他遇到了一个胡子花白的老者，老者给他讲了一个故事:"我年轻的时候也曾想过要自杀。一天早上,我的妻子和孩子还没睡醒,我拿了一根绳子来到树林里,在一颗樱桃树下,我想把绳子挂在树枝上,扔了几次也没成功,于是我就爬上树去。那时是樱桃成熟的季节,树上挂满了红玛瑙般晶莹饱满的樱桃。我摘了一颗放进嘴里,真甜啊!于是我又摘了一颗。我站在树上吃樱桃。太阳出来了,万丈金光洒在树林里,涂满金光的树叶在微风中摇摆,满眼细碎的亮点。我从未发现树林这么美丽。这时有几个上学的小学生来到树下,让我摘樱桃给他们吃。我摇动树枝,看他们欢快地在树下捡樱桃,然后高高兴兴去上学。看着他们的背影远去,我收起绳子回家了。从那以后我再也不想自杀了。生命是一列向着一个叫死亡的终点疾驰的火车,沿途有许多美丽的风景值得我们留恋。"

夜幕降临了,巴迪先生披上外套,熄灭了屋内的灯,走进黑暗中。夜色里只看到车灯的一线亮光。然后是无边的、长久的黑暗⋯⋯

天亮了,远处的城市和近处的村庄开始苏醒,巴迪先生从洞里爬出来,伸了个懒腰,站在高处远眺。

看到这里我决定认认真真地洗个脸,把皮鞋擦亮,然后到商场给自己买束鲜花。

后来我曾经问过那位欲放弃生命的朋友,问他体验死亡的感觉如何。他说一直在昏迷中,没觉着怎么痛苦。倒是出院的那天,看到阳光如此的明媚,外面的世界如此的新鲜,大街上姑娘们穿着红格子呢裙,真是可爱。长这么大第一次发现世界是这样的美好。

世界还是那个世界,只是感受世界的那颗心不同而已。

患肺癌的朋友已经作了古,记得他生前爱吃那种烤得两面焦黄的厚厚的锅盔。每次看到卖饼的小贩推着小车走来,就怅然,若他活着

第一章　认识生命——生命是什么

该多好！可惜那些吃饼的人，体味不到自己能够吃饼的幸福。

为什么要活着？就为了樱桃的甜，饼的香。静下心来，认真去体验一颗樱桃的甜，一块饼的香，去享受春花灿烂的刹那，秋月似水的柔情。就这样活下去，把自己生命过程的每一个细节都设计得再精美一些，再纯净一些。不要为了追求目的而忽略过程，其实过程即目的。

生命感悟
sheng ming gan wu

饮醋晓酸，品椒知辣。世人常用酸甜苦辣来形容人生，然而细究起来，生命的味道又何止四味可以囊括完全？

少年读书苦，青年立业艰，中年结婚难，晚年孤独老。人的一生，从幼稚到成熟，从懵懂到清晰，从脆弱到坚强，需要感受过多少种滋味，才能让生命最终塑造成形？

跌宕起伏中，酸甜苦辣尝遍，或许才真正明白生命的万千滋味。

生命的价值和意义

生 命

沈从文

　　我好像为什么事情很悲哀，我想起"生命"。

　　每个活人都像是有一个生命，生命是什么，居多人是不曾想起的，就是"生活"也不常想起。我说的是离开自己的生活来检视自己生活这样的事情，活人中就很少那么做，因为这么做不是一个哲人，便是一个傻子了。"哲人"不是生物中的人的本性，与生物本性那点儿兽性离得太远了，数目稀少正见出自然的巧妙与庄严。因为自然需要的是人不离动物，方能传种。虽有苦乐，多由生活小小得失而来，也可望从小小得失得到补偿与调整。一个人若尽向抽象追究，结果纵不至于违反自然，亦不可免疏忽自然，观念将痛苦自己，混乱社会。因为追究生命意义时，即不可免与一切习惯秩序冲突。在同样情形下，这个人脑与手能相互为用，或可成为一思想家或艺术家；脑与行为能相互为用，或可成为一革命者。若不能相互为用，引起分裂现象，末了这个人就变成疯子。其实哲人或疯子，在违反生物原则，否认自然秩序上，将脑子向抽象思索，意义完全相同。

　　我正在发疯。为抽象而发疯。我看到一些符号，一片形，一把线，一种无声的音乐，无文字的诗歌。我看到生命一种最完整的形式，这一切都在抽象中好好存在，在事实前反而消灭。

　　有什么人能用绿竹作弓矢，射入云空，永不落下？我之想象，犹如长箭，向云空射去，去即不返。长箭所注，在碧蓝而明静之广大虚空。

第一章 认识生命——生命是什么

明智者若善用其明智，即可从此云空中，读示一小文，文中有微叹与沉默，色与香，爱和怨。无著者姓名、无年月、无故事、无……然而内容极柔美。虚空静寂，读者灵魂中如有音乐。虚空明蓝，读者灵魂上却光明净洁。

大门前石板路有一个斜坡，坡上有绿树成行，长干弱枝，翠叶积叠，如翠翟、如羽葆、如旗帜。常有山灵，秀腰白齿，往来其间。遇之者即喑哑。爱能使人喑哑——一种语言歌呼之死亡。"爱与死为邻"。

然抽象的爱，亦可使人超生。爱国也需要生命，生命力充溢者方能爱国。至如阉寺性的人，实无所爱，对国家，貌作热诚；对事，马马虎虎；对人，毫无情感；对理想，异常吓怕；也娶妻生子，治学问教书，做官开会，然而精神状态上始终是个阉人。与阉人说此，当然无从了解。

夜梦极可怪。见一淡绿百合花，茎弱而花柔，花身略有斑点青渍，倚立门边微微动摇。在不可知地方好像有极熟悉的声音在招呼：

"你看看好，应当有一粒星子在花中。仔细看看。"

于是伸手触之。花微抖，如有所怯。亦复微笑，如有所恃。因轻轻摇触那个花柄、花蒂、花瓣，近花处几片叶子全落了。

如闻叹息，低而分明。

……

雷雨刚过。醒来后闻远处有狗吠，吠声如豹。半迷糊中卧床上默想，觉得惆怅之至。因百合花在门边动摇，被触时微抖或微笑，事实上均不可能！

起身时因将经过记下，用半浮雕手法，如玉工处理一片玉石，琢刻割磨。完成时犹如一壁炉上小装饰。情美如瓷器，素朴如竹器。

生命的价值和意义

一般人喜用教育身份来测量一个人道德程度。尤其是有关乎性的道德。事实上这方面的事情，正复难言。有些人我们应当嘲笑的，社会却常常给以尊敬，如阉寺。有些人我们应当赞美的，社会却认为罪恶，如诚实。多数人所表现的观念，照例是与真理相反的。多数人都乐于在一种虚伪中保持安全或自足心境。因此我焚了那个稿件。我并不畏惧社会，我厌恶社会，厌恶伪君子，不想将这个完美诗篇，被伪君子眼目所污渎。

百合花极静。在意象中尤静。

山谷中应当有白中微带浅蓝色的百合花，弱颈长蒂，无语如语，香清而淡，躯干秀拔。花粉作黄色，小叶如翠珰。

法朗士曾写一《红百合》故事，述爱欲在生命中所占地位，所有形式，以及其细微变化。我想写一《绿百合》，用形式表现意象。

生命感悟
sheng ming gan wu

"有些人我们应该嘲笑的，社会却常常给以尊敬；有些人我们应该赞美的，社会却认为是罪恶。"真理未必掌握在多数人手中，所以我们的生命中，才有那么多诱惑的考验、道德的试验和关于意义不断的思与念。

生命是造物主给所有人的一个谜题，却偏偏没有留下谜底。所以世人对其价值评定标准和衡量，才会一直纷争不休。

解谜的事情，交给那些哲人，然而我们的思量，也并非就此休止。好好生活，做好自己，尽量在万千考验和诱惑中坚持自己正确的方向。我们最终要实现的，只有三个字——那就是，不虚度。

第一章 认识生命——生命是什么

生命的滋味

[台湾] 席慕蓉

一

电话里，T告诉我，他为了一件忍无可忍的事，终于发脾气骂了人。

我问他："发了脾气以后，会后悔吗？"

他说："我要学着不后悔。就好像在摔了一个茶杯之后又百般设法要再粘起来的那种后悔，我不要。"

我静静聆听着朋友低沉的声音，心里忽然有种怅惘的感觉。

我们在少年时原来都有着单纯与宽厚的灵魂啊！为什么，为什么一定要在成长的过程中让它逐渐变得复杂与锐利，在种种牵绊里不断伤害着自己和别人，还要学着不去后悔，这一切，都是为了什么呢？

那一整天，我耳边总会响起瓷杯在坚硬的地面上破裂的声音，那一片一片曾经怎样光润如玉的碎瓷在刹那间迸飞得满地。

我也能学会不去后悔吗？

二

如果我真正爱一个人，则我爱所有的人，我爱全世界，我爱生命。

如果我能够对一个人说"我爱你"，则我必能够说"在你之中我爱一切人，通过你，我爱世界，在你的生命中我也爱我自己"。

——弗罗姆

原来，爱一个人，并不仅仅只是强烈的感情而已，它还是"一项

生命的价值和意义

决心，一项判断，一项允诺"。

那么，在那天夜里，走在乡间滨海的小路上，我忽然间有了想大声呼唤的那种欲望也是非常正常的了。

我刚刚从海边走过来，心中仍然十分不舍把那样细白洁净的沙滩抛在身后。那天晚上，夜凉如水，宝蓝色的夜空里星月交辉，我赤足站在海边，能够感觉到浮面沙粒的温热、干爽和松散，也能够同时感觉到再下一层沙粒的湿润、清凉和坚实，浪潮在静夜里声音特别缓慢，特别轻柔。

想一想，要多少年的时光才能装满这一片波涛起伏的海洋？要多少年的时光才能把山石冲蚀成细柔的沙粒并且将它们均匀地铺在我的脚下？要多少年的时光才能酝酿出这样一个清凉美丽的夜晚？要多少年的时光啊，这个世界才能够等候到我们的来临？

若是在这样的时刻里还不肯、还不敢说出久藏在心里的秘密，若是在享有的时候还时时担忧它的无常，若是在爱与被爱的时候还时时计算着什么时候会不再爱与不再被爱，那么，我哪里是在享用我的生命呢？我不过是不断地在浪费它、在摧折它而已。

那天晚上，我当然还是要离开，我当然还是要把海浪、沙岸，还有月光都抛在身后。可是，我心里却是感激着的，所以才禁不住想向整个世界呼唤起来：

"谢谢啊！谢谢这一切的一切啊！"

我想，在那宝蓝色深邃的星空之上，在那亿万光年的距离之外，必定有一种温柔和慈悲的力量听到了我的感谢，并且微微俯首向我怜爱地微笑起来了吧！

在我大声呼唤着的那一刻，是不是也同时下了决心，作了判断，有了承诺了呢？

如果我能够学会了去真正地爱我的生命，我必定也能够学会去真正地爱人和爱这个世界。

34

第一章 认识生命——生命是什么

三

所以，请让我学着为自己的行为负责，请让我学着不去后悔；当然，也请让我学着不要重复自己的错误。

请让我终于明白，每一条走过来的路径都有它不得不这样跋涉的理由；请让我终于相信，每一条要走上去的前途也有它不得不那样选择的方向。

请让我生活在这一刻，让我去好好地享用我的今天。

在这一切之外，请让我领略生命的卑微与尊贵。让我知道，整个人类的生命就犹如一件一直在琢磨着的艺术创作，在我之前早已有了开始，在我之后也不会停顿不会结束，而我的来临我的存在，却是这漫长的琢磨过程之中必不可少的一点，我的每一种努力都会留下印记。

请让我，让我能从容地品尝这生命的滋味。

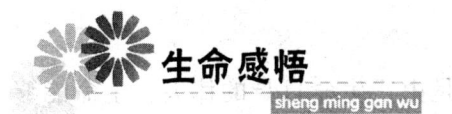

生命感悟

"爱一个人，不仅仅是强烈的感情，还是一项决心，一项判断，和一项许诺。"当爱的时候怀疑真伪，被爱的时候计算得失，那么，我们背负的，到底是享受爱，还是摧折爱？

很少有人能"知足常乐"。尽管我们在努力追求这个境界。生命中每一条走过来的路径都有它不得不这样跋涉的理由，我们唯有做到的，是"活在这一刻"。

是的，活在这一刻，享用今天。生命的尊贵和卑微，思考的逻辑和感性，生命的滋味万千，这种品尝从未有过截止。何不学会从容，放开胸怀，好好享用和珍惜此时，此刻。

生命的价值和意义

永久的生命

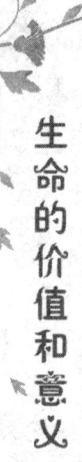

严文井

过去了的日子永不再回来。一个人到了三十岁的时候就会发现自己丢失了一些什么，一颗臼齿，一段盲肠，脑门上的一些头发，一点点和人开玩笑的兴味，或者就是你那整个的青春。那些东西和那消逝了的岁月一样只能一度为你所有。它们既已离开了你，就永不会再返回。即使你是一个智者又怎么办呢！你的力量是那样的小，对于生命上的事你丝毫不能做主。生命不像一件衬衫，当你发现它脏了破了的时候，你就可以脱下来洗涤，把它再补好。你如果曾经为什么事忧虑过，顶多你只能尽力忘却它，你却不能取消它存在过的迹印。在这件事上我们都是这样可怜！

然而，一切还都是乐观的。这是由于生命自身的伟大：生命能够不绝地创造新的生命。这是一件平常的事，也是一个奇妙的魔术。就像地面上的小草，它们是那样卑微，那样柔弱，每一个严寒的冬天过去后，它们依然一根根地从土壤里钻出来，欣喜地迎着春天的风，似乎对那过去的残酷一无所知一样。我们以着同样感动的眼光看着山坡上那些跳着蹦着的小牛犊，它那金黄色的茸毛像是刚从太阳里取得的。

我不得不想到永久不朽的意义。感谢生命的奇迹！它并不是一个暂时的东西。它仿佛一个不懂疲倦的旅客，也许只是暂时的在哪一个个体内住一会，便又离开前去了，但它是永远存在的。

它充满了希望，永不休止地繁殖着、蔓延着，随处宣示它的快乐。

第一章 认识生命——生命是什么

这该是如何值得赞叹的一件事！

我的伙伴们，看起来我们应该更加勇敢了。我们了解了生命的真实意义，我们的心就应该更加光明。让我们以全部的信心喊出我们所找到的真理吧：没有一种永久的、不朽的东西能被那些暴君杀害掉的！让我们赞美生命，赞美那永久的生命吧，我们将要以工作，以爱情来赞美它。它是一朵永不会凋谢的花，它将永远给世界以色彩，永远给世界以芬芳。

生命感悟
sheng ming gan wu

其实谁都知道，所谓生命的永久，是个假命题。造物主害怕人类恣意放纵，所以给了生命一个终结的期限。

永久的，只能是生命的意义。有的人活了一辈子，留下那么多的不甘和那么多的悔过，最后带着遗憾离开这个世界。有的人却在生命终结的时候坦然微笑面对，平静回顾，安然离开。

只有在那一刻，才能看出生命的意义，才能读懂这种意义是否会永久。

生命的价值和意义

生命的召唤

[美] 惠特曼

人能成全他人，也能毁弃他人；互相帮助能使人奋发向上，互相抱怨会使人退缩不前。

人与人之间的这种影响，就像阳光与寒霜对田野的影响一样。每个人都随时发出一种呼唤，促使别人荣辱毁誉，生死成败。

一位作家曾把人生比作蜘蛛网。他说："我们生活在世界上，对他人的热爱、憎恨或冷漠，就像抖动一个大蜘蛛网。我影响他人，他人又影响他人。巨网振动，辗转波及，不知何处止，何时休。"

有些人专会鼓吹人生没有意义没有希望。他们的言行使人放弃、退缩或屈服。这些人之所以如此，可能是因为自己受了委屈或遇到不幸；但不论原因如何，他们孤僻冷淡，使梦想幻灭、希望成灰、欢乐失色；他们尖酸刻薄，使礼物失值、成绩无光、信心瓦解，留下来的只是恐惧。

这种人使人觉得没有办法应付人生，从而灰心丧气、自惭形秽、惊慌失措。而我们可能又会将这种情绪传染给别人，因为我们受了委屈，一定要向人诉苦。

但是那些生性爽朗，鼓励别人奋发，令人难以忘怀的人又怎样呢？和这些人在一起，会感到朝气蓬勃，充满信心。他们使我们表现才能、发挥潜力、有所作为。

我们谁不愿像他们，使别人的生命之火燃烧？最重要的是先要弄

第一章　认识生命——生命是什么

清自己是否热爱生命,是否具有活力。热爱生命的人才能分享于他人。不要按捺住自己的热情,应该拿出来为别人打通幸福的道路。

我们珍惜自己的生命,但也应该同样尊重别人的意志。我们应当了解别人的生活和理想与我们不同,应当倾听别人的诉说,找出他们的长处,给他们表现的机会,并让它继续生长。任何生物都要生长。生长是生命的过程——生命是棵生长着的树,不是毫无生机的雕像。

是的,人的一生非常曲折,甚至艰辛,但前途无穷,富有生机,充满机会。那些有希望的人都不是怨天尤人的人。

珍惜自己生命活力,便也使他人分享了你的活力。有给予,必有报答。人生和爱情一样,不会自己滋长,必须先给予而后才有发展。给予越多,生命便越丰富。

生命感悟
sheng ming gan wu

自然常会有它向人类表达感情的方式,只是很多人容易忽略它们发出的信息,所以错过一场难得的交流。

一轮朝阳喷薄而出,它是告诉你青春应该有朝气和活力;一束小草顶出嫩芽,它是告诉你生命应该拥有勇气和突破;一片海域波澜不惊,它是告诉你做人的宽容和内敛。

陌路人的一个微笑,萍水相逢便有了温情的内涵。生命有种种不同的召唤,需要的,只是善于发现的眼睛和学会聆听的心灵。

我的四季

张 洁

生命如四季。

春天，我在这片土地上，用细瘦的胳膊，紧扶着我锈钝的犁。沉埋在泥土里的树根、石块，磕绊着我的犁头，消耗着我成倍的体力。我汗流浃背，四肢颤抖，恨不得立刻躺倒在那片刚刚开垦的泥土之上。可我懂得我没有权利逃避，在给予我生命的同时也给予我的责任。我无需问为什么，也无需想有没有结果。我不应白白地耗费时间，去无尽地感慨生命的艰辛，也不应该自艾自怜命运怎么这样不济，偏偏给了我这样一块不毛之地。我要做的只有咬紧牙关，拼尽全身力气，压到我的犁上。我不企望有谁来代替，因为每人都有一块必得由他自己来耕种的土地。

我怀着希望播种，那希望绝不比任何一个智者的希望谦卑。

每天，我望着掩盖着我的种子的那片土地，想象着它将发芽、生长、开花、结果。如一个孕育着生命的母亲，期待着自己将要出生的婴儿。我知道，人要是能够期待，就能够全力以赴。

夏日，我曾因干旱，站在地头上，焦灼地盼过南来的风，吹来载着雨滴的云朵。那是怎样的望眼欲穿哪！盼着、盼着，有风吹过来了，但那阵风把那片载着雨滴的云朵吹到了另一片土地上。我恨过，恨我不能一下子飞到天上，死死地揪住那片云，求它给我一滴雨。那是什么样的痴心妄想！我终于明白，这妄想如同想要拔着自己的头发离开

第一章　认识生命——生命是什么

大地。我只能在我赖以生存的这块土地上，寻找泉水。

没有充分的准备，便急促地上路了。经历过的艰辛自不必说它。要说的是找到了水源，才发现没有带上置它的容器。仅仅是因为过于简单和发热的头脑，发生过多少次完全可以避免的惨痛的过失。我顿足、我懊悔、我哭泣，恨不得把自己撕成碎片，有什么用呢？再重新开始吧。这样浅显的经验却需要比别人付出加倍的代价来记取。

我眼睁睁地看过，在无情的冰雹下，我那刚刚灌浆、远远没有长成的谷穗，在细弱的稻秆上摇摇摆摆地挣扎，却无力挣脱生养它、却又牢牢地锁住它的大地，永远没有尝过成熟是怎么一种滋味，便夭折了。

我曾张开我的双臂，愿将我全身的皮肉，碾成一张大幕，为我的青苗遮挡狂风、暴雨、冰雹……善良过分，就会变成糊涂和愚昧。厄运只能将弱者淘汰，即使为它挡过这次灾难，它也会在另一次灾难里沉没。而强者却会留下，继续走完自己的路。

秋天，我和别人一样收获。我并没有因我的谷穗比别人干瘪便灰心丧气。我把它们捧在手里，紧紧地贴近心窝，仿佛那是新诞生的一个自我。

富有而善良的邻人，感叹我收获的微少，我却疯人一样大笑。在这笑声里，我知道我已成熟。我已有了一种特别的量具，它不量谷物只量感受。我已经爱过、恨过、欢笑过、哭泣过、体味过、彻悟过……细细想来，便知晴日多于阴雨，收获多于劳作。

到了冬日，那生命的黄昏，难道就没有什么事情好做？只是隔着窗子，看飘飞的雪花、落寞的田野，或是光秃树枝上的数点寒鸦？不，我还可以在炉子里加上几块木柴，使屋子更加温暖。我将冷静地检点

生命的价值和意义

自己：我为什么失败，我做错过什么，我欠过别人什么……

再没有可能纠正已经成为往事的过错。一个生命不可能再有一次四季。但我还是有事情好做，我将把这一切记录下来，人们无聊的时候，不妨读来解闷。怀恨我的人，也可以幸灾乐祸地骂道："活该！"聪明的人也许会说这是多余；刻薄的人也许会演绎出一把利剑，将我一条条地切割。但我相信，多数人将会理解，他们将会公正地判断我曾做过的一切。

在生命的黄昏里，哀叹和寂寞的，将不会是我！

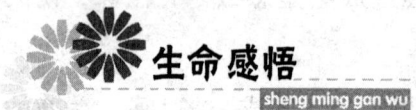

生命感悟
sheng ming gan wu

春有滴翠，夏含雨水，秋叶纷纷，冬雪皑皑。造物主给了自然四季外衣，同时给了人间四季温情。

生命在四季的轮回更替中变幻出不同的外衣和气息，让我们的生命不至于沦为单调和苍白。生命也有四季，童年纯真，少年勇气，青年奋进，老年智慧。我们也收获着四季，无论是否曾经播种。到生命终结的时候，我们都能看到属于自己的年轮。每个人都拥有不同的四季，属于自己的，未必一定是最美丽的，但一定是最适合的。

人生如四季，每一季，都有不同的精彩。

第一章　认识生命——生命是什么

人生七期

高士其

十六世纪，英国的大诗翁莎士比亚，有一篇千古不朽的名诗，把人生由婴儿到暮年，分为七期，描写得极其逼真。大意是说：咿咿唔唔在奶娘手上抱的是婴儿；满脸红光，牵着书包儿，不愿上学的是学童；强吻狂欢，含泪诉情，谈着恋爱的是青年；热血沸腾，意气方刚，破口就骂，胆大妄为的是壮年；衣服整齐，面容严肃，高声言谈，踱着方步，挺着肚子的是中年；饱经忧患，形容枯槁，鼻架眼镜，声音带颤的是老年；塌了眼眶，舌头无味，记忆不清，到了尽头的是暮年。这样把人生一段一段地分析下来，真够玩儿呀。

但是，莎士比亚的人生七期，是看着人情世态而描写的。我们现在依照生理学上的情形也把人生分为七期。这七期以子宫内受孕的母卵为起点。

自母卵与精子相遇，受精以后，立时新生命开始了。自开始至三个月为第一期，叫胚胎期。这一期里，母卵不过是直径不满七百分之一英寸的一颗圆圆的单细胞，内中却早已包含着成人所必须具有的一切细胞了。由母卵一个单细胞不断地分裂，第三星期有鱼鳃的裂痕出现，第六星期有尾巴出现，到了第三个月，人的雏形已经完成，但仍是小得很，要用显微镜才看得清。

第二期是胎儿期，自第三个月起至婴儿脱离母体呱呱坠地止，大约六七个月。这一期里，温暖的子宫内的胎儿，他所需要的食料和氧气，都由母亲的血液支取，都由胎盘输进脐带送给他的。

由婴儿呱呱坠地到两周岁，到了乳齿长出的时候，是第三期，叫婴儿期。

接着，第四期，即幼儿期，由三岁起，在女孩到十三岁止，在男孩到十四岁止。此期年年体重均有增加，每年约增加百分之九。

到了第五期，就是这宝贵的青年期，如春天的花一般，一朵朵地开出来，红艳可爱。一个个女儿的性格，一个个男子的性格，很奇幻而巧妙地在这一期里长成。不知不觉地由娇羞的童女，一变为多色多姿的少女；由顽皮的童男，一变为英俊有为的青年。在青年期，十三四岁的女儿，月经来临，骨盆长大，乳峰突起，阴毛出现；在男子，他们的标志是：面部的胡须有了几根了，下部耻骨间的黑毛也一条条冒出来，同时，好像喝了什么葫芦里的药，小孩子又脆又尖的高音忽然变成又粗又重的沉音了。在营养得宜时，此期体重和身长每年约增加百分之十二。但一般满了二十二周岁的当儿，身体的发育已完成，不再前进了。

由二十五岁，女的到五十岁，男的到六十岁，是中年期，是一生的中心，是一生最有用的时代，这是第六期。男子一般过了三十五，生殖机能一天不如一天，但体格却一天天肥大了，一天天显得富态，到了六十岁，生殖机能就完全终止了。妇女到五十岁左右，月经告别，生殖时代就成为过去了。

这在医学上，就叫更年期。

第七期，六十岁以上的人，就算老了。一轮红日，慢慢西沉，终归于万籁俱寂了。

第一章 认识生命——生命是什么

生命感悟
sheng ming gan wu

诗人用人情世态，将人生分为鲜活的七期；医师用生理变化，也可以把人生划为七期。其实，人生分为几期又有什么重要，不过是诗人笔下添几行墨，医师把孕期再做细分。重要的是，生命的每一期，你是否都用心去感受过，用爱认真付出过？

少年求知有没有荒废，中年立业有没有成志？变声期是否珍惜了自己的健康，人母后有没有尽到本分和职责？生命无论分为七期还是十七期，总的年轮永远不会延长。

一轮又一轮过去后，我们有没有在每一轮里，都找到了自己存着的正确方向？

生命的价值和意义

生命每天都要有所成长

[美] 杰克·韦尔奇

1979年曾获得诺贝尔物理学奖的温伯格，在《科学导报》上发表了一段答记者问。记者问他："你觉得哪些是科学家必须具备的素质？"温伯格答道："这个问题因人而异，不同的人可以按不同的途径达到很高的成就。每个理论物理学家必须具备一定的数学才能，但并不能说数学最好的人就会是最好的物理学家。很重要的素质是'进攻性'，它不是人与人关系中的'进攻性'，而是对自然的'进攻性'。不是安于接受书本上的答案，而是尝试发现有什么与书本不同的东西。"

那些具有"进攻性"的人，思想活跃，不满足现状，较少受习俗的束缚，勤于探索，渴望创新，最终人们将会从内心对他发出由衷的钦佩。因为敢于冒尖，是以科学态度待人待事的一种进取的美德；相反，思想僵化、墨守成规、得过且过、安于现状的人，最终会被厌弃。

日本"明治维新"时期，功臣之一的坂本龙马常和西乡隆盛长谈，坂本的谈话内容和观念每次都有一点儿改变，使西乡隆盛每次的感受也都不一样。于是，西乡就对他说："前天，我遇到你的时候，你所讲内容和今天又不一样，所以你说的话，我有所存疑。你

第一章　认识生命——生命是什么

既然是天下驰名的志士，受到大家的尊敬，应该有不变的信念才行。"

坂本龙马就说："不，绝对不是这样。孔子说过'君子从时'。时间不停地流转，社会形势也天天在变化，昨天的'是'成为今天的'非'乃是理所当然。我们'从时'，便是行君子之道。"接着又说："西乡先生，你对一个事物一旦认为是这样，就从头到尾遵守到底，将来你一定会变成时代的落伍者。"

人世万物始终在替换更新。但在转变中，唯一永远不变的就是真理，这也就是从宇宙中产生出来的力量。因此，所谓转变及日日新，便是把这种真理因时因地加以活用的结果。若以为真理是不变的，就不再活用变通，真就等于死了一样。

如果每天只是翻来覆去，没有目标地过日子，人生就毫无意义了。倘若希望人生是繁荣、和平与幸福，生活就不应如此单调重复。今天应该比昨天进步，明天比今天更进步，也就是每天生命要有所成长。

至于"十年如一日"，这就是说十年的努力就好像一天的努力那样起劲，旨在强调勤劳、努力与毅力的精神，而不是说在这过程中不要有任何进步。这种十年如一日的努力，一定会产生非常新颖的创意和进步。但假如大家的工作十年来没有任何变化，千篇一律，那就真是违反了生命成长的原理。

生命感悟

生命的价值和意义

身边总有这样一些朋友，喜欢跟人较劲，学习上，工作上，生活上，非要和别人争出个子丑寅卯的输赢来。但是，争过别人了，又如何？世界这么大，比你优秀的人万万千，你能较劲得过几个？

不是说不要竞争，而是，你争的对象，应该是自己。每天多反省一遍，每天多进步一点。生命本就该每天有所成长，无需和别人攀比，自己的成长就是每天给自己最好的礼物。

日积月累，不断超越。有一天，你会发现，生命中每天的进步，已经变成一段最温暖的经历，和成长。

第二章

追问生命 我们为什么而活着

生命本身是没有价值的，关键在于如何赋予生命以价值，如何最大限度地发挥生命的价值，实现自我发展和自我创造。

生命脆弱。人生无常。天灾人祸、意外事故、疾病爆发等等都会使人死亡。那么，我们活着的价值和意义是什么呢？活着，就应当带着感恩的心，珍惜自己拥有的，追求美好的理想，为人生目标不懈奋斗、开拓进取。同时，让我们爱着的人能够感受到我们的爱。这样，我们才活得快乐，活得充实，活得精彩。如果一辈子浑浑噩噩地活着，而始终没有明白活着的价值和意义，那么，简直是白在这世上走了一回。

生命的价值和意义

泰国前总理川·立派86岁的老母亲，是一个摆食品摊的小贩。她在曼谷的一家市场内摆摊卖虾仁豆腐、豆饼、面饼。

她的儿子川·立派当总理第一天，就有人问她："您儿子当总理了，您还用得着摆摊吗？您不觉得丢儿子的脸吗？"

她说："儿子当总理，那是儿子的工作，那是儿子有出息，我摆摊，那是我的工作，两者并没有什么矛盾。我不觉得有什么丢人的，我很喜欢摆摊，在这儿，能见到很多老朋友。我最高兴的事，就是看到儿子下班回家后狼吞虎咽地吃我亲手做的豆腐。"

泰国的媒体称赞说："一个来自平民阶层的平凡母亲，教育出一名以其诚实正直而受人尊重的总理。"总理的母亲说："我其实没有做什么，我只不过在他小时候教导他做人必须诚实、勤劳和谦虚，我只是让他明白，一个人无论做什么，一定要知道自己生命的意义。"

任何一位正在成功或是想要成功的人，在踏上成功道路之前，要做的第一件事情就是明确自己生命的价值和意义。这一切如果没有弄清楚，那么，就很可能在人生的道路上迷失方向，迷失自我。

人的生命价值有多大？有人认为生命是无价的。如果是从人类的长远发展而言，这种说法也许有道理，但是，就整个历史过程和生态过程来看，人类并没有绝对至上的价值。同样，个体生命的价值也不是无价的。实际上具体历史或社会从来不是无条件地不惜一切代价去拯救或换取每一个人的生命。而且在许多情况下，生命相对于其他东西显得黯然失色。如资产阶级诗人裴多菲的著名诗句"生命诚可贵，爱情价更高。若为自由故，二者皆可抛"，生命的价值在此时远逊于爱情和自由。革命者叶挺曾写道："为人进出的门紧锁着，为狗爬出的洞敞开着，一个声音高叫着：爬出来吧，给你自由！我渴望自由，

第二章　追问生命——我们为什么而活着

但人的身躯怎能从狗洞里爬出？"为了尊严，叶挺宁可失去生命。

　　活着是生命存在的方式，但是生命价值并不以仅仅活着为目标，有时为了实现生命的价值就必须牺牲部分甚至全部生命。路见不平、拔刀相助的义士追求的正义力量超过了对其生命价值的肯定；杀身成仁、舍生取义的豪侠是精神价值对生命价值的超越。而苟且偷生、麻木不仁就不是珍惜生命，而是对生命本义的践踏，他们的生命成了行尸走肉，失去了作为人的整体意义。

　　其实，生命的价值和意义在于参与生活本身，积极生活、追求梦想。赋予生命价值和意义，使生命充实，并获得成就感。当你把自己的精神财富和物质财富与你所爱的人甚至和全人类共享的时候，生命就有了价值和意义。在你的能力范围之内，你给予和分享的越多，你得到的满足感和成就感也越大。活着是为了奉献与分享。

生命的价值和意义

人生有何意义（节选）
——答某君书

胡　适

　　……我细读来书，终觉得你不免作茧自缚。你自己去寻出一个本不成问题的问题，"人生有何意义"其实这个问题是容易解答的。人生的意义全是各人自己寻出来、造出来的：高尚、卑劣、清贵、污浊、有用、无用……全靠自己的作为。生命本身不过是一件生物学的事实，有什么意义可说？一个人与一只猫、一只狗，有什么分别？人生的意义不在于何以有生，而在于自己怎样生活。你若情愿把这六尺之躯葬送在白昼做梦之上，那就是你这一生的意义。你若发奋振作起来，决心去寻求生命的意义，去创造自己的生命的意义，那么，你活一日便有一日的意义，做一事便添一事的意义，生命无穷，生命的意义也无穷了。

　　总之，生命本没有意义，你要能给他什么意义，他就有什么意义。与其终日冥想人生有何意义，不如试用此生做点有意义的事。

　　知世如梦无所求，无所求心普空寂。
　　还似梦中随梦境，成就河沙梦功德。

　　王荆公小诗一首，真是有得于佛法的话。认得人生如梦，故无所求。但无所求不是无为。人生固然不过一梦，但一生只有这一场做梦的机会，岂可不努力做一个轰轰烈烈像个样子的梦？岂可糊糊涂涂懵

第二章 追问生命——我们为什么而活着

懵懵懂懂地混过这几十年？

生命感悟

人生的意义，可以从"重于泰山，轻于鸿毛"的生死抉择谈起，也可以从"为人民服务"的社会意义谈起。但是，我们终其一生探求的人生意义，未必能得到一个满意的结果。

那么，究竟怎样的人生，才能称得上有意义？其实意义本身并没有任何复杂含义，轰轰烈烈未必意义非凡，平平凡凡也未必就没有意义。只要你的人生认真过、付出过、珍惜过，这一生，便可画一个有意义的句号。

生命的价值和意义

人生真义

陈独秀

人生在世，究竟为的什么？究竟应该怎样？这两句话实在难回答得很，我们若是不能回答这两句话，糊糊涂涂过了一生，岂不是太无意识吗？自古以来，说明这个道理的人也算不少，大概约有数种：第一是宗教家，像那佛教家说：世界本来是个幻想，人生本来无生；"真如"本性为"无明"所迷，才现出一切生灭幻象；一旦"无明"灭，一切生灭幻象都没有了，还有什么世界，还有什么人生呢？又像那耶稣教说：人类本是上帝用土造成的，死后仍旧变为泥土；那生在世上信从上帝的，灵魂升天；不信上帝的，便魂归地狱，永无超生的希望。第二是哲学家，像那孔、孟一流人物，专以正心、修身、齐家、治国、平天下，做一大道德家、大政治家，为人生最大的目的。又像那老、庄的意见，以为万事万物都应当顺应自然；人生知足，便可常乐，万万不可强求。又像那墨翟主张牺牲自己，利益他人为人生义务。又像那杨朱主张尊重自己的意志，不必对他人讲什么道德。又像那德国人尼采也是主张尊重个人的意志，发挥个人的天才，成为一个大艺术家、大事业家，叫做寻常人以上的"超人"，才算是人生目的，什么仁义道德，都是骗人的说话。第三是科学家。科学家说人类也是自然界一种物质，没有什么灵魂；生存的时候，一切苦乐善恶，都为物

第二章　追问生命——我们为什么而活着

质界自然法则所支配；死后物质分散，另变一种作用，没有连续的记忆和知觉。

　　这些人所说的道理，各个不同。人生在世，究竟为的什么，应该怎样呢？我想佛教家所说的话，未免太迂阔。个人的生灭，虽然是幻象，世界人生之全体，能说不是真实存在吗？人生"真如"性中，何以忽然有"无明"呢？既然有了"无明"，众生的"无明"，何以忽然能都灭尽呢？"无明"既然为灭，一切生灭现象，何以能免呢？一切生灭现象既不能免，吾人人生在世，便要想想究竟为的什么，应该怎样才是。耶教所说，更是凭空捏造，不能证实的了。上帝能造人类，上帝是何物所造呢？上帝有无，既不能证实；那耶教的人生观，便完全不足相信了。孔、孟所说的正心、修身、齐家、治国、平天下，只算是人生一种行为和事业，不能包括人生全体的真义。吾人若是专门牺牲自己，利益他人，乃是为他人而生，不是为自己而生，决非个人生存的根本理由，墨子思想，也未免太偏了。杨朱和尼采的主张，虽然说破了人生的真相，但照此极端做去，这组织复杂的文明社会，又如何行得过去呢？人生一世，安命知足，事事听其自然，不去强求，自然是快活得很。但是这种快活的幸福，高等动物反不如下等动物，文明社会反不如野蛮社会；我们中国人受了老、庄的教训，所以退化到这等地步。科学家说人死没有灵魂，生时一切苦乐善恶，都为物质界自然法则所支配，这几句话倒难以驳他。但是我们个人虽是必死的，全民族是不容易死的，全人类更是不容易死的了。全民族全人类所创的文明事业，留在世界上，写在历史上，传到后代，这不是我们死后连续的记忆和知觉吗？

照这样看起来，我们现在时代的人所见人生真义，可以明白了。今略举如下：

（一）人生在世，个人是生灭无常的，社会是真实存在的。

（二）社会的文明幸福，是个人造成的，也是个人应该享受的。

（三）社会是个人集成的，除去个人，便没有社会；所以个人的意志和快乐，是应该尊重的。

（四）社会是个人的总寿命，社会解散，个人死后便没有联续的记忆和知觉；所以社会的组织和秩序，是应该尊重的。

（五）执行意志，满足欲望（自食色以至道德的名誉，都是欲望），是个人生存的根本理由，始终不变的（此处可以说"天不变，道亦不变"）。

（六）一切宗教、法律、道德、政治，不过是维持社会不得已的方法，非个人所以乐生的原意，是可以随着时势变更的。

（七）人生幸福，是人生自身出力造成的，非是上帝所赐，也不是听其自然所能成就的。若是上帝所赐，何以厚于今人而薄于古人？若是听其自然所能成就，何以世界各民族的幸福不能够一样呢？

（八）个人之在社会，好像细胞之在人身，生灭无常，新陈代谢，本是理所当然，丝毫不足恐怖。

（九）要享幸福，莫怕痛苦。现在个人的痛苦，有时可以造成未来个人的幸福。譬如为主义的战争所流的血，往往洗去人类或民族的污点。极大的瘟疫，往往促成科学的发达。

第二章　追问生命——我们为什么而活着

总而言之，人生在世，究竟为什么？究竟应该怎样？我敢说道：个人生存的时候，当努力造就幸福，享受幸福，并且留在社会上，后来的个人也能够享受。递相授受，以至无穷。

生命感悟

无数哲人和先知为探求人生真义前仆后继，却从未得到任何确定答案。唯有不时的启示，告诉我们真义的确存在。

保尔·柯察金说，要把有限的生命投入无限的为人类解放而斗争的事业中来。然而，崇高的理想永远都被搭建在平凡的舞台之上。没有人能够生来就是英雄，也没有人能一开始就看清自己肩负的使命。我们都是在不断的成长和摸索中，渐渐开启了自己的智慧之窗。

生命的真义就是成长，就是奋进，就是不断的成长和奋进。只要把握好平凡的每一天，做好平凡的每件事，终究有一天，你会发现，人生的真义就在不经意间已经得到，水到渠成。

生命的价值和意义

为什么而活着

[印度] 阿肖克·高勒克里

我为什么而活着？我的出生就是为了吃、喝、繁衍、睡觉、衰老和死亡吗？除此之外，我还能做什么呢？是的，我得到良好的教育，以确保我的生存；我找到工作，找到配偶，生儿育女，攒钱，花钱，吃美食，喝佳酿，住好房，周游世界，捐款给慈善机构，与朋友聚会，养育孙辈并与之嬉戏，尽享天年；然后，当我老得不能活的时候，我就死了；我死得心安理得。这听起来像是一段幸福的生活吗？是的。但是，所有的生活都是平静而快乐的吗？生活都像一簇盛开的玫瑰吗？如果失去亲人，如果夫妻反目，如果失去工作，如果父母离异，如果小孩残疾，如果恋爱失败……如果还有其他问题，那又会如何呢？

为什么要上学？我上学是为了学习，找一份工作并且养活自己，我所接受的教育确实是为自给自足做好基本的准备。但是，当我有了工作，有了妻子、孩子、房子、小车以及一点儿或许多金钱，接下来是什么？是不是失去这一切的恐惧？为什么？为什么会存在恐惧？如果你是彻底地活着，忙着过好日子，完全沉浸于每一个瞬间，从这个瞬间到下一个瞬间，为什么会害怕将来失去什么东西或者什么人？当盛宴结束，客人全都离去，为什么主人会感到寂寞？为什么我们终究

第二章 追问生命——我们为什么而活着

会觉得孤寂、恐惧与不安？即便处在灾难、冲突、病痛与死亡之中，我们能够泰然处之吗？我认为：回答应该是肯定的。只要你完全专注于事件的过程，便会使之成为可能。

这个完全专注的过程，要求你完全专注于悲哀、冲突、痛苦、恐惧与不安之中。这就要求你扭转心灵的自然倾向，要有寻求欢愉和避开痛苦的倾向。我不是建议你寻求痛苦和避开欢愉，那是愚蠢的。你要在专注的状态下生活，在痛苦与欢愉的经历之中体验内心的感受。不要去追逐、寻找和强求欢愉，也不要躲避、抗拒和逃避痛苦。

当你完全处于被动的状态时，你的心灵要处于完全的专注、体验着欢愉或痛苦的时候，你才能完全感受到相关的刺激和反应，感受到整个过程。在这完全专注、完全静默、观察与彻底体验的时刻，心灵才会变得自由与轻松，才会超越欢愉与痛苦的两极分化，停留在一种清静平和的状态，只有这样才不会对欢愉产生强求，才不会对失去欢愉产生恐惧，才不会对痛苦产生躲避，才不会对痛苦侵入生活产生担忧。在这种完全沉浸于纯粹感受的状态中，你的心灵才是完全轻松与清静的，它才能得到解放与自由。

当心灵习惯于这种深邃的平静与快乐，从而超越了情感的两极，摆脱了物质存在的不可避免的极端化的时候，它便保持着超脱，沉浸于体验、静默与注意之中。这样的心灵具有强大的力量，能够改造与治愈生命中的方方面面。它重新创造了生命，活跃了每一个瞬间，具有非常的灵敏度和感受力、清晰度与深度，成为生命本应具有的无限智力的一面反射镜。

生命感悟
sheng ming gan wu

工作不顺，感情多舛，生活坎坷……结束生命的理由或许一个已经足够，活着的理由却有许多个。

亲人的依恋、爱人的相恋、朋友的扶持、生活的眷恋……这些都是给予我们对这个世界继续微笑的理由。有时甚至不必是那些爱我们和我们爱的人，一抹朝阳喷薄而出的勇气，一朵小花奋力怒放的灿烂，都给予了我们继续留恋世间的理由。

心中有爱，所以，我们活着。

第二章　追问生命——我们为什么而活着

生命在于付出

巴　金

我始终记住：青春是美丽的东西。而且这一直是鼓舞我的泉源。

生命在于付出。我的心里怀有一个愿望，这是没有人知道的：我愿每个人都有住房，每张口都有饱饭，每个心都得到温暖。我想擦干每个人的眼泪，不再让任何人拉掉别人的一根头发。

我不是文学家。我写作不是我有才华，而是我有感情，对我的国家和人民，我有无限的爱，靠用作品来表达我无穷无尽的感情。如果我的作品能够给读者带来温暖，我就十分满意了。

我不知道灯在哪里，但是它牵引着我的心，仿佛有人在前面指路。

我家乡的泥土，我祖国的土地，我永远同你们在一起接受阳光雨露，与花树禾苗一同生长。我唯一的心愿是：化做泥土，留在人们温暖的脚印里。

我追求光明，追求人间的爱，追求我理想中的英雄，结果我依旧得到痛苦。但是我并不后悔，我还要以更大的勇气走我的路。

说真话，面对镜子我并不感到愉快，因为镜子上反映出来的"尊容"叫人担心：憔悴、衰老……好看不好看，我倒不在乎，使我感到不舒服的是，它随时提醒我：你是在走向死亡。

几年前我流着眼泪读完托尔斯泰的小说《复活》，曾经在扉页上写了一句话："生活本身就是一个悲剧。"

事实并不是这样。生活并不是一个悲剧，它是一个"搏斗"。我

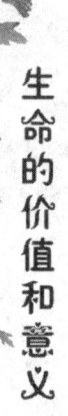

们生活来做什么？或者说我们为什么要有这生命？罗曼·罗兰的回答是"为的是来征服它"。

生的目标是什么？是丰富满溢的生命。一个人的生命应该为他人放射，在必要的时候还应该为他人牺牲……自我牺牲是人的天性，就像植物不得不开花。

我常将生比之于水流。这股水流从生命的源头流下来，永远在动荡，在创造它的道路，通过乱山碎石中间，以达到那唯一的生命之海。没有东西可以阻止它。在它的途中它还射出种种的水花，这就是我们生活的爱和恨、欢乐和痛苦，这些都跟着那水流不停地向大海流去。我们每个人从小到老、到死，都朝着一个方向走，这是生之目标。不管我们会不会走到，或者我们在中途走入了迷径，看错了方向。

因为受到了爱，认识了爱，才知道把爱分给别人，才想对自己以外的人做一些事情。把我和这个社会连起来的也正是这个"爱"字，这是我的全部性格的根底。

爱真理，忠实地生活，这是至上的生活态度。没有一点儿虚伪，没有一点儿宽恕，对自己忠实，对别人也忠实，你就可以做你自己的行为的裁判官。

我们的生活信条应该是：忠实地行为，热烈地爱人民，帮助那需要爱的，应对那摧残爱的；在众人的幸福里谋个人的快乐，在大众的解放中求个人的自由。

理想，是的，我又看见了理想。我指的不是化妆品，不是空谈，也不是挂在人们嘴上的口头禅。理想是那么鲜明，看得见，而且同我们血肉相连。它是海洋，我好比一小滴水；它是大山，我不过一粒泥沙。不管我多么渺小，从它那里我可以吸取无穷无尽的力量。

第二章　追问生命——我们为什么而活着

　　我写因为我有话要说，我发表因为我欠债要还，十年浩劫教会一些人习惯于沉默，但十年的血债又压得平时沉默的人发出连声的呼喊。我有一肚皮的话，也有一肚皮的火，还有在油锅里反复煎了十年的一身骨头。火不熄灭，话被烧成灰，在心头越积越多，我不把它们倾吐出来，清除干净，就无法不做噩梦，就不能平静地度过我晚年的最后日子，甚至可以说我永远闭不了眼睛。

　　是什么东西把我养育大？首先在我头脑里浮动的就是一个"爱"字。父母的爱，骨肉的爱，人间的爱，家庭生活的温暖：我的确是一个被人爱着的孩子……我爱着一切的生物，我愿意擦干每张脸上的眼泪；我希望看见幸福的微笑挂在每个人的嘴边。

　　我的生命大概不会很长久吧。然而在短促的过去的回顾中却有一盏明灯，照彻了我的灵魂和黑暗，使我的生存有一点儿光彩，这盏灯就是友情。我应该感谢它，因为靠了它我才能够活到现在，而且把旧家庭给我留下的阴影扫除了的也是它。

　　鲁迅先生给我树立了一个榜样。我仰慕高尔基的英雄"勇士丹柯"，他掏出燃烧的心，给人们带路。我把这幅图画作为写作的最高境界，这也是从先生那里得到的启发。我勉励自己讲真话。卢梭是我的第一个老师，但是几十年中间用自己燃烧的心给我照亮道路的还是鲁迅先生。

　　这是一笔心灵上的欠债，我必须早日还清。它像一根皮鞭在抽打我的心，仿佛我又遇到50年前的事情。"写吧，写吧。"好像有一个声音经常在我耳边叫。我快要走到生命的尽头了，我不愿意空着双手离开人世，我要写，我绝不停止我的笔，让它点燃火狠狠地烧我自己，到了我烧成灰烬的时候，我的爱、我的恨也不会在人间消失。

生命的价值和意义

一个作家、一支笔可能起不了大的作用，但是一滴水流进海洋就有无比的力量。只要全世界的作家团结起来，亿万支笔集在一起，就能够为后代创造一个更美好的世界，更美的未来。这才是我们作家的责任。这是理想，也是目标。

每一本书、每一篇作品，就是一次答案。古往今来有数不清的作家，读不完的作品，尽管生活环境各异，思想信仰不同，对人对事的看法不一样，但是所有真诚的作家都向读者交出自己的心。我们写作只因为我们有话要说，有感情要倾吐，我们用文字表达我们的喜怒哀乐，我写作只是为了一个目标，对我生活其中的社会有所贡献，对读者尽一个同胞的责任。我从未中断与读者的联系，一直把读者的期望看成对我的鞭策。我常说，如果我的作品能够给读者带来温暖，在他们步履艰难的时候能够做一根拐杖给他们加一点儿力，我就十分满意了。

我一刻也不停止我的笔，它点燃火烧到我自己，到了我成灰烬的时候，我的爱、我的感情也不会在人间消失。我感到我有两倍的勇气，有两倍的力量。究竟由于什么？我得到回答了：由于友谊。

我从小爱发牢骚，但绝非无病呻吟，而且我不善于言辞，不会表达自己的思想，用嘴讲不出来的，我只好靠笔帮忙，因此走上了写作的路。我不是经过刻苦钻研、勤奋读写，取得若干成就的。我不过借用文字做武器，在作品中生活，在作品中奋斗。不管拿着笔，或者放下笔，我都是在生活。

我写作时差不多没有停笔构思，字句从我的自来水笔下面写出来，就像水从喷泉里冒出来那样的自然、容易。但那时候我的激动却是别人想象不到的。我差不多把整个心灵都放在故事上面了。我所写

第二章 追问生命——我们为什么而活着

的人物都在我的脑子里活动起来，他们跟活人完全一样。他们生活、受苦、恋爱、挣扎、欢笑、哭泣以及死亡。好像不是我在写小说，而是他们借了我的笔在生活。在那三个星期里面我无论在什么地方，都只看见那一群人。他们永久不息地在我的眼前活动，不让我有片刻的安宁。

生命感悟
sheng ming gan wu

"五花马，千金裘，呼儿将出换美酒。"很多人眼中，衡量一个人的人生价值，就是"黄金屋"，就是"颜如玉"，豪宅名车，社会地位，就是看他得到了多少。

人总是习惯索取，得到越多，越不容易满足，越想要索取更多。但是，容易索取的东西，也越容易失去。因为你没有付出过，所以不明白你得到的真谛，所以常常忘了怎么去珍惜。

生命在于付出。只有真的付出过了，才会明白过程的艰辛，结果的来之不易，才会真的懂得珍惜。

人的价值

[埃及] 萨达特

在一个很长时期里,外部成功的概念支配着那些反对埃及的人的头脑和感情。其结果是人们追求物质,无可比拟地沉湎于物质——因而衡量人的标准不是他实现的良善或他的内心对别人的爱,而是他所获得的金钱或力量。就这样,在为物质而进行的相互斗争中,我们忘记了或离开了永恒的真理。如果这一永恒真理没有持续地成为人类悟性的焦点,任何一个人类社会都不能成立。这一真理,就是人类的道德观念取决于他的个性,它永远是绝对的,而绝不是相对的。

真主说:"我们曾将伊斯兰使命交给大地、苍天和山岳,然而,它们害怕承担这一使命,它们推却了,于是人类把它承担了下来。"伟大的真主说得对。

真主单独给了人类同宇宙万物不同的作用,在《摩西五经》中说:"真主按照他的形象创造了人类。"《古兰经》中说:"人类灌注了他的精神。"所有这些决定了人类有他自己的使命,否则他的存在就失去意义了,因为这一存在的根本就是担负起真主要求他担负的使命。

一个人同另一个人的使命可能有区别,但在所有情况下,使命的目标都在于实现真主想要实现的东西——使每个人都承担伊斯兰天命。如果人的生活中缺少应尽的使命,这就意味着他背叛了

第二章　追问生命——我们为什么而活着

天命。

但是为了人类能履行其使命——人类正是为了这一使命才被创造出来的，他的存在必须依赖于他的自身，而不是依赖外界的因素。只有这样，人类才能忠诚地信奉比他自身更为伟大、更能永恒存在的东西，在生活中才有他应尽的使命。

这是我在五十四号牢房中得出的一个信念。它成了我之存在的一个不可分割的一部分。如果在我对比我更伟大、更完美的个性无所作为的情况下，白白地让某一天过去了的话，那么，我对自己就很不满意，我要问，我在这一整天内对我所承担的天命做了什么呢？

毫无疑问，人的价值是绝对的，因为假如它是相对的话，它就会根据人们所持不同的利害观，在不同的人之间，在不同的社会之间，在不同的时间内都将是有所不同的。有些人认为某一事物是非常有益的，另外一些人认为它是没有好处的，或许认为它是很大的损失，以至于人失去作为一个人的价值，从而失去他自身的存在。

这就是在法西斯社会中所发生的情况：在那里人的价值一向取决于这些社会的需求，从而毁坏了人类，或使他们变成执政党手中的木偶，或使人成为他们唯命是从的奴仆，或成为没有意识的只会做工的机械。

在所有这些情况下，人失去了作为有自我价值的人的存在，剥夺了真主要求他要担负起来的承担天命的权利，剥夺了这一使命的神圣的火炬；真主创造人正是要他以这一火炬给他周围的人和后代照亮道路。

当一个人的价值变成相对的时候，主观的和客观的法律就消失了。因为在这种情况下，法治作为一种绝对的价值消失了，并被一些迷恋于外部成功的个人的意志所取代，外部成功成了衡量人们的唯一标准，这就将导致人类为之而存在的人类最高价值的丧失。

这样就失去了良善、美好的社会，而被实力的社会取而代之。现在人类的大部分生活在仇恨和实力社会之中，从而使世界失去了多少世纪以来人们所创建的最高价值。我认为人类从所遭受的这一危机中摆脱出来的唯一出路就是回到这些价值中去，并坚持将它置于生活的各个领域中的首要地位上。因此，我坚持不懈地提倡建树埃及农村的道德观念，这也许有点极端，但我认为它是我们摆脱埃及所蒙受的实力社会影响的唯一途径，否则，就得失去全部价值。

在我任共和国总统之职前的十八年，人们企图将埃及变成一个完全是仇恨和实力的社会，但这一尝试百分之百地失败了，因为它不符合我们的传统或天性。我们主张公正的专政或公正的独裁。但当这种社会来到我们面前时，我们发现它只不过是空中楼阁而已。但愿事情到此为止。然而，我们面临的更为丑恶的东西不仅是崩溃了的经济状况和软弱无能的军事状况，而且还有由于建立实力社会的企图而形成的仇恨的大山。正如我所说的那样，在这些社会中，没有人类的价值。正因为如此，社会上的每一个人的唯一职责是不择手段、不惜任何代价地，甚至以消灭他人去获取最大的外部成功（金钱、地位和物质力量）。

第二章　追问生命——我们为什么而活着

生命感悟
sheng ming gan wu

当人们过分沉溺于物质时，衡量一个人的生命便不再是与人的友爱和对世界的关爱，而是看他从这个世界上得到多少名望和利益。然而，我们也会就此失去信仰。未必要有真主的冥冥庇佑，但我们每个人心中应该有一个信仰。这个信仰未必要玄虚的理论支撑，但一定要是物质和虚妄无法动摇的支撑，要是让我们每次想起都会感到温暖和坚定的支撑，要是无论什么时候环境怎样变化心中那点坚持永远不会变的支撑。

信仰可以是对亲人浓烈的爱，对朋友无条件的信任，对生活无比的珍惜和热爱。有了信仰，你才能真正知道作为一个人活着的价值。这样，我们才能坚定自己的脚步，铿锵走下去。这样，我们的人生观才不会模糊，才能透过无数诱惑实现自己真正的价值。

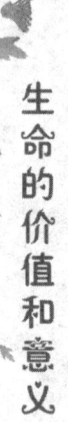

谈人生价值

朱光潜

每个人都不免有一个理想，或为温饱，或为名位，或为学问，或为德行，或为事功，或为醇酒妇人，或为斗鸡走狗，所谓"从其大体者为大人，从其小体者为小人"。这种分别究竟以什么为标准呢？哲学家们都承认：人生最高目的是幸福。什么才是真正的幸福？对于这问题也各有各的见解。积学修德可被看成幸福，饱食暖衣也可被看成幸福。究竟谁是谁非呢？我们从人的观点来说，人之所以高贵于禽兽者在他的心灵。

人如果要充分地表现他的人性，必须充实他的心灵生活。幸福是一种享受。享受者或为肉体，或为心灵。人既有肉体，便不能没有肉体的享受。我们不必像持禁欲主义的清教徒之不近人情，但是我们也需明白：肉体的享受不是人类最上的享受，而是人类与鸡豚狗彘所共有的。人类最上的享受是心灵的享受。哪些才是心灵的享受呢？就是真善美三种价值。学问、艺术、道德几无一不是心灵的活动，人如果在这三方面达到最高的境界，同时也就达到最幸福的境界。一个人的生活是否丰富，这就是说，有无价值，就看他对于心灵或精神生活的努力和成就的大小。如果只顾衣食饱暖而对于真善美不感兴趣，他就成为一种行尸走肉了。这番道理本无深文奥义，但是说起来好像很迂阔。灵与肉的冲突本来是一个古老而不易化除的冲突。许多人因顾到肉遂忘记灵，相习成风，心灵生活便被视为怪诞无稽的事。尤其是近

第二章　追问生命——我们为什么而活着

代人被"物质的舒适"一个观念所迷惑，大家争着去拜财神，财神也就笼罩了一切。

末了，我希望我们青年人都及早确定自己一生的使命，自己去寻求自己的终身工作。

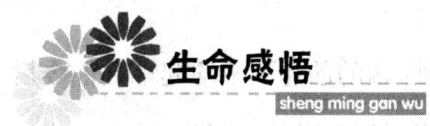

生命感悟
sheng ming gan wu

人生有许多需求，物质的需求、安全感的需求、求知的需求、爱的需求、实现人生价值的需求等等。

实现人生的价值是个太广泛的命题。学习上的求知欲，工作上的成就感，感情上的归属感等等，都是实现人生价值的体现。只是，我们在拥有它们时常常忽略，失去它们时又追悔莫及，生命的价值也被削去了厚度。

学会珍惜，才能真正体味到人生真正的价值。做好当下，就是最实在的真义存在。少年读书明志，青年励精图治。生命的意义在于奋斗。理想和完美道德，一个人毕生的追求，毕生都在为自己的修养做着不断的完善。生命的意义在于修正。娇妻美眷，乐享天伦。生命的意义在于责任和守护。

人生的意义

[日] 汤川秀树

同学们都很年轻，你们面前有着广阔的前途。平均起来你们今后将有六十年左右的寿命，也就是说，你们将跨过二十世纪进入二十一世纪。在这个时期里，世界将会发生什么变化呢？回忆一下二十世纪前半叶的六十年中期，世界上发生了显著的变化，由此可以想象到未来的五六十年中也将产生难以估量的巨大飞跃。

究竟人世间演变的起因何在？当然，不难想象有地震、台风、洪水等自然因素造成的变迁。不过，这种自然因素的影响只是暂时的，尽管是重大事件也绝不会产生永久性的影响。从长远来看，可以说主要的还是人类的所作所为带来了世界的变化。

以交通的发达为例，现在汽车、飞机的数量大增，速度加快，再加上通讯事业的迅速发展，电话、广播、电视也已经普及，这些都为世界带来不少变化。诸如此类的变化今后还会应时而生、层出不穷。

若考究一下发生这些变化的原因，就会发现：最大的因素是人类知识、技术的进步。简而言之，即科学的进步引起了世界的变化。众所周知，科学是人类创造、思维的结晶，是人们在有生之年辛勤工作的点滴积累。不光科学，人类还有许多其他活动也推动了社会

第二章　追问生命——我们为什么而活着

的发展。关键问题是今后的世界还将由活着的人们奋斗不息地发展下去。

因此，我希望同学们深刻认识到，你们自己也是这活着的人群中的一员。如果有人认为：我的力量微不足道，根本不可能去改变一个世界，所以自己除了顺应社会趋势，随波逐流，别无所能。这种想法是极端错误的。因为尽管每个人的力量是十分微薄的，但是不能否认正是这些个人不懈努力的结果，才使社会得以发展、变化。

但是变化本身也有多种多样，究竟朝什么方向演变才好，这又是一个问题。我们应当努力设法使世界朝着光明的道路发展，而不要走向相反的方向。要下定决心为把世界逐步引向光明的道路，而贡献自己微薄的力量——不光有决心，更要采取实际行动。我们应当认识到这样生活才是真正有意义的。

为了建设好这个世界，应当采取什么方法来贡献自己的力量呢？不用说，那是因人而异。即使定下了今后努力的目标，选择出适当的道路，并已开始在这条道路上前进，也未必能够获得成功，或许会以失败而告终。究竟成功与否，谁也无法预测，不可能先知先觉。我相信只要努力就有成功的希望，从而竭尽全力去干，这便体现了人生在世的真正价值。

人们常说，现在的年轻人比起前人现实多了。也就是说他们开始关心将来，想方设法使自己的晚年过得更加舒适。这种考虑也许是人之常情，未必是坏事。但是如果青年人一味考虑个人生活的安逸，未免令人失望。而且，如果他们以为未来和现实不会有多大的差异，因

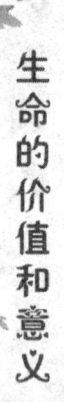

而只是考虑在眼前这个圈子里，如何生活得更好，那就不仅令人失望，而且是幼稚可笑的。

有人认为："别人都考某某大学，所以我也要进某某大学。""要是能进某某公司工作，将来生活就有保障。为了能进某某公司，大概先进某某大学比较合适。"这类消极的想法如果充斥青年人的头脑，前景会是什么样子呢？

如果日本全国都是这样的青年集合在一起，会有什么结果呢？到那时日本人在这个地球上将变得十分渺小，失去影响。不仅如此，在日益激烈的国际竞争中——特别是创造文化价值的竞争中，日本将成为十足的落伍者。这样下去，日本人的个人生活也会在精神和物质方面双双遭到破产。

本来，在现实或将来的社会上，每一个个人的问题与社会全体的问题，推而广之和全世界的问题，是绝对不能分割的。由此可以懂得前面所说的"现实主义态度"，或者用个贬义词，叫做利己主义的生活态度，它乍看起来似乎稳妥可靠，实际并非如此。青年中至少应有一部分人能够立志摆脱个人打算，怀着崇高的理想向前迈进。如果连这一点也做不到，那么日本也好，世界也好，便不会朝着进步的方向发展。这种结局所带来的恶果又将会反过来影响到每一个人，给人们带来巨大的不幸。前面我已讲过，抱着崇高理想前进的人，即便不能获得完全成功，那种生活也具有重大意义。我认为觉悟到生活的意义而活在世上才是真正的现实主义的生活方式。

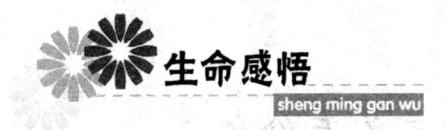

第二章　追问生命——我们为什么而活着

生命感悟
sheng ming gan wu

忽然想起那个古老的寓言故事。老人在临终前把十个儿子叫到床前，让他们折断一根筷子，儿子们都轻而易举做到了。然后再让他们折断一捆筷子，却没有一个人能办到。老人用这个故事说明团结的力量，后人则用这个故事证明集体中的存在意义。

是的，个体在集体中的存在，就是"每一个人的问题与社会全体的问题"，当个体脱离了全体，它的意义微不足道；但是当个体在全体当中创造了价值，这样的价值却带来了巨大的现实意义。

所谓理想，如果建立在利己的个人主义上，那么这样的理想也该被称之为空洞；但如果觉悟到个人理想在全社会中的贡献价值，"即使不能够完全成功，这种生活也具有重大意义。"

生命的价值和意义

漫谈人生的意义与价值

季羡林

当我还是一个青年大学生的时候，报刊杂志上曾刮起一阵讨论人生的意义与价值的微风，文章写了一些，议论也发表了一通。我看过一些文章，但自己并没有参加进去。原因是，有的文章不知所云，我看不懂。更重要的是，我认为这种讨论本身就无意义、无价值，不如实实在在地干几件事好。

时光流逝，一转眼，自己已经到了望九之年，活得远远超过了我的预算。有人认为长寿是福，我看也不尽然，人活得太久了，对人生的种种相，众生的种种相，看得透透彻彻，反而鼓舞时少，叹息时多。远不如早一点离开人世这个是非之地，落一个耳根清净。

那么，长寿就一点好处都没有吗？也不是的。这对了解人生的意义与价值，会有一些好处的。

根据我个人的观察，对世界上绝大多数人来说，人生一无意义，二无价值。他们也从来不考虑这样的哲学问题。走运时，手里攥满了钞票，白天两顿美食城，晚上一趟卡拉OK，玩一点小权术，耍一点小聪明，甚至恣睢骄横，飞扬跋扈，昏昏沉沉，浑浑噩噩，等到钻入了骨灰盒，也不明白自己为什么活这一生。

其中不走运的则穷困潦倒，终日为衣食奔波，愁眉苦脸，长吁短叹。即使日子还能过得去的，不愁衣食，能够温饱，然也终日忙忙碌碌，被困于名缰，被缚于利锁。同样是昏昏沉沉，浑浑噩噩，不知道

第二章 追问生命——我们为什么而活着

为什么活这一生。

对这样的芸芸众生，人生的意义与价值从何处谈起呢？我自己也属于芸芸众生之列，也难免浑浑噩噩，并不比任何人高一丝一毫。如果想勉强找一点区别的话，那也是有的：我，当然还有一些别的人，对人生有一些想法，动过一点脑筋，而且自认这些想法是有点道理的。

我有些什么想法呢？话要说得远一点。当今世界上战火纷飞，物欲横流，"黄钟毁弃，瓦釜雷鸣"，是一个十分不安定的时代。但是，对于人类的前途，我始终是一个乐观主义者。我相信，不管还要经过多少艰难曲折，不管还要经历多少时间，人类总会越变越好的，人类大同之域绝不会仅仅是一个空洞的理想。但是，想要达到这个目的，必须经过无数代人的共同努力。有如接力赛，每一代人都有自己的一段路程要跑。又如一条链子，是由许多环组成的，每一环从本身来看，只不过是微不足道的一点东西；但是没有这一点东西，链子就组不成。在人类社会发展的长河中，我们每一代人都有自己的任务，而且是绝非可有可无的。如果说人生有意义与价值的话，其意义与价值就在这里。

但是，这个道理在人类社会中只有少数有识之士才能理解。鲁迅先生所称之"中国的脊梁"，指的就是这种人。对于那些肚子里吃满了肯德基、麦当劳、比萨饼，到头来终不过是浑浑噩噩的人来说，有如夏虫不足以语冰，这些道理是没法谈的。他们无法理解自己对人类发展所应当承担的责任。

话说到这里，我想把上面说的意思简短扼要地归纳一下：如果人生真有意义与价值的话，其意义与价值就在于对人类发展的承上启下、承先启后的责任感。

生命感悟

生命的价值和意义

　　身边朋友常感慨世风日下，念叨着岳飞十多岁便懂"精忠报国"的情操，而现在的孩子二十多岁、甚至三十岁了还在做"啃老一族"之类的话。

　　是的，时代不同，人的价值观不同，人生表现形式也不尽相同，故而意义不同。然而不同的时代共通的一个关于人生的认识就是，要有责任感：对生活的责任，对社会的责任，对自己的责任。只有有了责任感，才能谈生命的意义和价值。

　　《士兵突击》里许三多常说的一句话是："好好活就是做很多有意义的事情，有意义的事情就是好好活。"我们同样可以说，有意义就是做有价值的事情，有价值的事情就是因为有责任，让生活变得更加有意义。

第二章 追问生命——我们为什么而活着

生命的意义

[奥地利] 阿尔弗雷德·阿德勒

人类生活在"意义"的领域中，我们所经历的事物，并不是抽象的，而是从人的角度来体验的。即便是最原始的经历，也受限于我们人类的看法。"木头"指的是"与人类相关的木头"，而"石头"指的是"作为人类生活中因素之一的石头"。一个人如果试图脱离意义考虑环境，那将十分不幸。他将因此与他人隔离开来，而他的行动于人于己也将毫无益处。无人能脱离意义。我们是通过我们赋予现实的意义来感受现实的。我们所感受到的，不是现实本身，而是经过阐释的现实。因此，我们可以顺理成章地下结论：这一意义或多或少总是未竟的、不完整的，甚至不会完全正确。所以，意义的领域就是充满错误的领域。

如果我们问某人："生命的意义是什么？"很可能他会哑口无言。绝大多数人根本不会思考这个问题或试图寻求其答案。这个问题确实自有人类以来就存在了，而且在我们的年代，有时候年轻人——老人亦如此——会这样发问："活着为什么？什么是生命的意义？"但是也可以说他们只有在遭遇挫折后才会想起这样的问题来。假若一切都一帆风顺，他们没有经历逆境的考验，这些问题就绝不会提出来。人们在自己的行为中提出这些问题并找到答案，这不可避免。假若我们对一切言词都充耳不闻，而只专注地观察行为，我们会发现：任何人都有自己"生命的意义"，而且他的所有观点、态度、行为、表情、礼貌、抱负、习惯及个性等都与这一意义吻合无疑。任何人的举止都表

生命的价值和意义

明他似乎只对生命的某种阐释深信无疑。他的一举一动都蕴藏着他对这个世界及自身的看法。这是他的断言："我就是这样，世界就是那样。"这便是他赋予自己的意义和赋予生命的意义。

仁者见仁，智者见智。生命的意义不可胜数，并且如我们所说，每种意义都可能有其不实之处。既然无人知晓生命的绝对意义，任何能为人所用的意义就不是完全错误的。所有意义都介于这两个极端之间，然而我们也知道：有些意义很有效，有些却较糟糕，有些错得小些，有些却错得大。我们还能发现什么是较好的阐释所共同具备的，什么是那些稍欠人意的阐释所缺少的。我们可以从中找到真理的一个公共尺度，一个公共的意义。该意义能帮助我们解释与人有关的现实社会。在此，我们必须牢牢记住："真"是针对人类而言的，针对人类的计划和意图而言。除此之外，别无真理。即使另有真理，也与我们无关。我们既无法知道这些真理，而这些真理也毫无意义。

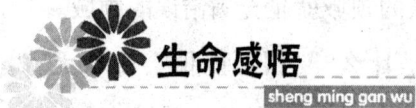

生命感悟
sheng ming gan wu

我们生活在不同"意义"的领域之中。生存的意义，生活的意义，工作的意义，爱的意义……这些都是我们生命中的意义。可是没有谁能真正回答出我们的生命到底有何意义。

其实，每种意义都是生命个体的一种经历和体验。尤其是经历过挫折坎坷后，这种体验更加强烈。因为意义本身，就是建立在很多磨难的基础上。品过方知酒浓，爱过才知情深。

真实地生活，真实地工作，真实地去爱，"真"便是生命存在的意义，除此之外，别无真理。

第二章 追问生命——我们为什么而活着

点燃生命的圣火

张 容

一天，朋友告诉我一个小故事。

"有个十一岁的女孩子，她的臀部长了东西，后来截了肢，但伤口被感染，病情恶化得更严重了。"朋友吸了口气，眼睛里闪着光彩，"医生说她暂时还没什么事，但最多活不过两年。"

"孩子的母亲得知孩子无救时，也伤痛欲绝，决心让孩子快乐地走完余下不多的路程。孩子不能动弹，吃饭喝水都得有人喂，大小便也得有人帮忙，做母亲的也能尽心尽责，但半年后，母亲有点不耐烦了。母亲是个基督徒，她便祷告要上帝带走孩子，开始时还避着孩子，悄悄在暗中祷告，后来就在孩子枕边进行了。孩子从知道她祷告内容的那一天起，就再也不理她了，并且精神越来越萎靡，吃得越来越少，终于在一天夜里永远地闭上了眼睛。"

朋友眼眶里泪花在打转，声音也有些发抖，"母亲祷告也有客观原因，因为，第一，太专注于那个孩子，必然会忽略了其他孩子和丈夫；第二，经常目睹孩子病痛发作，她再也不能忍受看孩子被痛苦折磨了，但是……"朋友叙述的声音陡然提高，"但是那孩子至少还可以活半年，这是我做医生的表弟对我说的。孩子的早死，是因为母亲的祷告断绝了她生的希望。"

生命的价值和意义

他的故事使我想起了史铁生的中篇小说《命若琴弦》。

小说写的是两个瞎子，一老一小，老的是师父，小的是徒弟，他们成年在群山中流浪，靠给山民们说书换得微薄的三餐。

老瞎子的柳琴底部藏有一张神奇的药方，是他的师父亲手为他放进去的。那时他还很年轻，眼睛忽然失明了，痛苦地想结束生命，这时遇上了师父。师父把藏药方的柳琴递给他说："去弹唱，等弹断一千根弦，用这一千根断弦作药引，按药方抓齐药，就可以把你的眼睛治好了。"

把眼睛治好，这成了老瞎子的人生信仰；弹断一千根弦，这成了老瞎子的人生目标，走啊走啊，弹啊弹啊，肩头的断弦越来越多，额头的白发也越来越多，不知不觉中，自己也由健壮英挺的少年变成驼背的老人了。但他心中的希望从来没有破灭，他多么渴望再看一眼明媚多姿的世界呀。

第一千根弦终于弹断了，老瞎子背着一捆断弦，挟着柳琴来到药铺。药铺老板取出药方立刻感到惊异了，老瞎子再三催促读一下，他才嗫嚅着说："这，这上面什么也没写，只是一张白纸。"

老瞎子的身体在顷刻间矮下去，在一瞬间，他明白了师父的苦心，明白了人生的真谛，也明白了自己见不到明天的日出了。但是，不能死在这里，他想到了小瞎子。

深夜的时候，他已经在小瞎子身边了。他默默地打开小瞎子的琴，默默地把那张白纸放进去，默默地递过去，最后缓缓地说："不是一千根，而是一千二百根，是我记错了。我没有时间再弹

第二章　追问生命——我们为什么而活着

到了，现在把药方给你，等你弹断一千二百根时，按药方抓齐药，就可以把你的眼睛治好了。"

第二天黎明时分老瞎子就死了，不过，小瞎子开始专心地为一千二百根弦奋斗了。

老瞎子传给小瞎子的不是一张白纸，而是一盆火，圣火。这圣火中蕴藏着生的希望和生的力量。

有一位老人，这个世界已让他无牵无挂了，他就孤零零地坐在竹椅里，一边晒太阳一边等待死神的降临。

可是，有一天，他发现自己还不能去死，因为他遇上了一个被遗弃的小女孩，她还非常小，假若没有人照顾可能今夜就会冻死在街头。

老人从竹椅里站起来了，他对自己说：

"我还不能死，我还不能死，我还不能死。"

老人开始在城市里四处捡垃圾，然后用换的钱，供小女孩吃饭、穿衣和上学。

每天早晨和晚上，老人都要对自己说一遍：

"我还不能死，我还不能死，我还不能死。"

这样过了二十年，小女孩长大了，并且也大学毕业了。当她找到所爱的人嫁过去后，老人松了口气，对自己说："我可以死了。"

无疑，老人多活了二十年，是因为有什么东西点燃了他心中的圣火。

人人心中都有一盆圣火，一旦点燃，便会令人感觉到生命的庄严与可爱，从而使人平静地接受现实面对现实，并积极地去创造更丰富

生命的价值和意义

的个人生活。

那么，是什么东西点燃了心中的圣火呢？

是目标，是信仰，是希望，更多的时候是梦和爱，有时候也是危险和恐惧。

经常读故事的人，会发现一种现象：凡是那点燃圣火的人，往往是处于某种非常时刻。即面临灭顶之灾或命运进行非好即坏的转折时，主人翁才认清生命的意义和价值，才被迫发挥潜力，去改造自己的生活。

然而，现实中的人多数感到的却是生活繁琐无味和生命的空虚漫长，这是为什么呢？

这是因为生活的砺石把他们的棱角磨平了，把他们的感觉磨钝了，连对生命的庄严和使命感也一并磨去了。麻木了的眼睛和心，自然不能从平凡的生活中发现一颗颗珍珠。

电影《泰坦尼克号》里的露茜在情人杰克沉海之后，仍然能够坚强地活着，仍然能够再和别人结婚，仍然能够生死可恋地在人间度过一个多世纪，是因为她记着杰克对她说的话：

"要坚持活下去，努力享受每一天。"

朋友的故事让我想到了《命若琴弦》中的老瞎子的白纸，想到了濒死者的爱心，想到了杰克的话，最终我要对你说：

"点燃你心中的圣火，努力享受每一天。"

第二章 追问生命——我们为什么而活着

生命感悟
sheng ming gan wu

每个人都会在遭遇很大挫折和失败时顷刻有万念俱灰的感觉，对任何事情都再没有了做下去的激情。然而，大多数人在调整心态后依然继续走下去，继续自己未竟的事情。每个人心中都有一盆圣火，正是因为这盆圣火，让我们感到了生命的庄严和可敬，给了我们活下去的勇气。

三个小故事，三场平凡中孕育出的不平凡生命。心中那盆圣火一直都在，你可以用信念让它燃烧得更加旺盛，也能用冷漠泼得它瞬间熄灭。要紧的，是我们的心有所恋。只要对这个尘世还有挂牵，便应该努力去点燃我们心中的生命圣火。

生命的价值和意义

活出意义来（节选）

[奥地利] 维克多·弗兰克

生命的意义

生命的意义因人而异，因日而异，甚至因时而异。因此，我们不是问生命的一般意义为何，而是问在一个人存在的某一时刻中的特殊的生命意义为何。用概括性的措辞来回答这问题，正如我们去问一位下棋圣手说："大师，请告诉我，在这世界上最好的一步棋如何下法？"根本没有所谓最好的一步棋，甚至也没有不错的一步棋，而要看弈局中某一特殊局势，以及对手的人格形态而定。

生命中的每一种情境向人提出挑战，同时提出疑难要他去解决，因此生命意义的问题事实上应该颠倒过来。人不应该去问他的生命意义是什么。他必须要认清，"他"才是被询问的人。一言以蔽之，每一个人都被生命询问，而他只有用自己的生命才能回答此问题，只有以"负责"来答复生命。因此，"能够负责"是人类存在最重要的本质。

爱的意义

爱是进入另一个人最深人格核心的唯一方法。没有一个人能完全了解另一个人的本质精髓，除非爱他。借着心灵的爱情，我们才能看

第二章 追问生命——我们为什么而活着

到所爱者的精髓特性。更甚者，我们还能看出所爱者潜藏着什么，这些潜力是应该实现却还未实现的。由于爱情，可以使所爱者真的去实现那些潜能。凭借使他理会到自己能够成为什么，应该成为什么，而使他原有的潜能发掘出来。

苦难的意义

当一个人遭遇到一种无可避免的、不能逃脱的情境，当他必须面对一个无法改变的命运——比如罹患了绝症或开刀也无效的癌症等等——他就等于得到一个最后的机会，去实现最高的价值与最深的意义，即苦难的意义。这时，最重要的便是：他对苦难采取了什么态度？他用怎样的态度来承担他的痛苦？

我下面要引证一个清晰的例子：

一位年老的医师患了严重的忧郁症。两年前他最挚爱的妻子死了，此后他一直无法克服丧妻的沮丧。现在我怎样帮助他呢？我又应该跟他说些什么呢？我避免直接告诉他任何话语，反而问他："如果是您先离世，而尊夫人继续活着，那会是怎样的情境？"他说："喔！对她来说这是可怕的！她会遭受多大的痛苦啊！"于是我回答他说："现在她免除了这痛苦，那是因为您才使她免除的。所以您必须付出代价，以继续活下去及哀悼来偿还您心爱的人免除痛苦的代价。"他不发一语地紧紧握住我的手，然后平静地离开我的诊所。

痛苦在发现意义的时候，就不成为痛苦了。

生命的价值和意义

生命感悟

人活着的两大支柱：爱和痛苦。爱是进入另一个人最深人格核心的唯一方法。而痛苦，在发现意义的时候，就不成为痛苦了。

生命的意义是个太玄虚的命题，因为生命中每一种情境向人提出挑战和疑难要他去解决的，都是不同的问题，世界上没有两片相同的树叶，也就没有哪怕两个人的生命意义是一样的。

每个个体生命的意义只有自己才能回答，而答案仅仅是两个字：负责。对你的生活负责，对你爱的人负责，对这个社会负责。所以，负责任地生活吧，只有负责地生活，才会活出真正的意义。

第二章　追问生命——我们为什么而活着

生命的意义[①]

[苏联] 奥斯特洛夫斯基

保尔不知不觉地走到松树跟前了，他在岔路口站了一会儿。在他右面是阴森森的老监狱，监狱用高高的尖头木板栅栏跟松树林隔开，监狱后面是医院的白色房子。

娃莲和她的同志们就是在这地方，在这空旷的广场上的绞架下被绞死的。保尔在从前竖绞架的那个地方默默地站了一会儿，随后就走下陡坡，到了同志们的公墓那儿。

不知道是哪个关心的人，用枞树枝编成的花圈把那一列坟墓装饰起来，又给这小小的墓地围上一圈绿色的栅栏。笔直的松树在陡坡上高耸着，绿茵似的嫩草铺遍了峡谷的斜坡。

这儿是小镇的近郊，又幽静，又凄凉，只有松树林轻轻的低语和春天的大地散发的土味。保尔的同志们就在这地方英勇地牺牲了，他们是为了使那些生于贫贱的、一出世就做奴隶的人们能有美好的生活而献出了自己的生命的。

保尔缓缓地摘下帽子来。悲愤，极度的悲愤充满了他的心。

人最宝贵的东西是生命。这生命，人只能得到一次。人的一生应当这样度过：当回忆往事的时候，他不至于因为虚度年华而痛悔，也不至于因为过去的碌碌无为而羞愧；在临死的时候，他能够说："我

---

① 节选自《钢铁是怎样炼成的》。

的整个生命和全部精力，都已经献给世界上最壮丽的事业——为人类的解放而斗争。"

保尔怀着这样的思想离开了他的同志们的公墓。

生命感悟

一篇一直被选入课本的文章，一部可以穿越时空不朽的巨著。其实保尔的足迹，也是我们很多人的足迹，保尔的思考，也是我们很多人的思考。

毫无疑问，人最宝贵的就是生命。如何度过仅有的一次生命，是摆在我们每个人面前必须要思考的问题。只是，有的人思考了，却仅仅只是思考；而有的人思考了，就会一直按照自己思想的指导，去践行自己的生命承诺。

没必要如保尔般伟大，将"整个生命和全部精力"都"贡献给人类最伟大的事业"，但起码，我们要履行好自己对自己的承诺，让我们的信仰，绝不仅仅只停留在思想上。

第二章　追问生命——我们为什么而活着

只要有爱，就值得活在世上

[智利] 聂鲁达

许多年前，我沿着朗科湖向内地走去，我觉得找到了祖国的发祥地，找到了既受大自然攻击又受大自然爱护的诗歌的天生摇篮。

天空从柏树高高的树冠之间露出来，空气飘逸着密林的芳香。一切都有响声，又都寂静无声。隐匿的鸟儿在窃窃低语，果实和树枝落下时擦响树叶，在神秘而又庄严的瞬间一切都停止了，大森林里的一切似乎都在期待什么。那时候一个新的生命即将诞生，诞生的是一条河流。我不知道这条河叫什么，但是它最初涌出的纯洁的、暗色的水流几乎无法看见，涓细而且悄然无声，正在枯死的大树干和巨石之间寻觅出路。

千年树叶落在它的源头，过去的一切都要阻挡它的去路，却只能使它的道路溢满芳香。年轻的河流摧毁腐朽的枯叶，满载着新鲜的养分在自己行进的路上散发。我当时想，诗歌的产生也是这样。它来自目力所不及的高处，源头神秘而又模糊，荒凉而又芳香，像河流那样容纳一切汇入的小溪，在群山中间寻觅出路，在草原上发出琤琮的歌声。它浇灌田野，向饥饿者提供食粮。它在谷穗里寻路前进。赶路的人靠它解渴；当人们战斗或休息的时候，它就来歌唱。

它把人们联结起来，而且在他们中建立起村庄。它带着繁衍生命的根穿过山谷。

歌唱和繁殖就是诗。

生命的价值和意义

　　它离开神秘的地下，繁殖着，唱着歌向前奔流。它以不断增长的运动产生出能量，去磨粉、鞣皮、锯木，给城市以光明。它造福，黎明时岸边彩旗飞扬；总要在会唱歌的河边欢庆节日。

　　我记得在佛罗伦萨时，有一天去参观一家工厂。在厂里我给聚集在一起的工人朗诵我的诗，朗诵时我极其羞怯，这是任何一个来自年轻大陆的人在仍然活在那里的神圣幽灵近旁说话时都会有的心情。随后，该厂工人送我一件纪念品，我至今仍然保存着。那是一本一四八四年版的彼特拉克①诗集。

　　诗已随河水流过，在那家工厂里歌唱过，而且已经同工人们一起生活了几个世纪。我心目中的那位永远穿着修士罩袍的彼特拉克，是那些淳朴的意大利人中的一员，而我满怀敬意捧在手里、对我具有一种新的意义的那本书，只不过是拿在一个普通人手里的绝妙工具。

　　我想，前来参加这个庆祝会的有我的许多同胞，还有一些别国的男女知名人士，他们绝不是来祝贺我个人，而是来赞扬诗人们的责任和诗的普遍发展。

　　我们大家在这里欢聚一堂，我很高兴。想到我的那些经历和写过的东西能使我们接近起来，我感到由衷的欣慰。确保全体人类相互认识和了解，是人道主义者的首要责任和知识界的基本任务。只要有爱，就值得去战斗和歌唱，就值得活在世上。

　　我知道，在我们这个被大海和茫茫雪山隔绝的国度里，你们不是在为我，而是在为人类的胜利而举行庆祝。因为，如果这些高山中最高的山，如果这汹涌的波涛，最激烈的太平洋波涛，曾经企图阻止我

---

①　波特拉克，意大利诗人，欧洲文艺复兴时期人文主义先驱之一。

第二章　追问生命——我们为什么而活着

们的祖国向全世界发出自己的声音，曾经反对各国人民的斗争和世界文化的统一，现在这些高山被征服了，大洋也被战胜了。

在我们这个地处偏远的国家里，我的人民和我的诗歌为增进交往和友谊进行了斗争。

这所大学履行其学术职责，接待我们大家，从而确立了人类社会的胜利和智利这颗星辰的荣耀。

鲁文·达里奥在我们南极星的照耀下生活过。他来自我们美洲美妙的热带地区。他大概是在一个跟今天一样的天空澄碧、白雪皑皑的冬日来到瓦尔帕莱索的，来重建西班牙语的诗歌。

今天，我向他那星星般的壮丽，向他那仍在照耀我们的晶莹的魅力，寄予我的全部思念和敬意。

昨夜，我收到第一批礼物。其中有劳拉·罗迪格带给我的一件珍品，我十分激动地把它打开来。这是加夫列拉·米斯特拉尔的《死的十四行诗》的手稿，是用铅笔写的，而且通篇是修改的字迹。这份手稿写于1914年，但依然可以领略到她那笔力雄健的书法特色。

我认为，这些十四行诗达到了永恒雪山的高度，而且具有克维多[①]那样的潜在的震撼力。

此刻，我把加夫列拉·米斯特拉尔和鲁文·达里奥都当作智利诗人来怀念，在我年满五十周岁之际，我想说，是他们使真正的诗歌永远常青。

我感激他们，感激所有在我之前用各种文字从事笔耕的人。他们的名字举不胜举，他们有如繁星布满整个天空。

---

① 克维多，西班牙作家、诗人。

生命的价值和意义

生命感悟
sheng ming gan wu

诗人的爱，凝结在他每列铿锵有力的诗行；哲人的爱，聚集在每一颗长于思考的头颅；音乐家的爱，飞扬在漫天投入的音符。而我们普通人的爱，可以是园丁的花锄，可以是技工的工钳，也可以是恋人的红唇。

只要有爱，有着对这个世界的留恋，对整个人生的热爱，我们的生命，便值得在唇间笔下每天去歌咏。

爱是人间最美的语言，心中有爱，就值得好好活在这个世上。

第三章

珍惜生命

生与死的反思

与同学产生一点小摩擦，就蓄意杀人；学习压力太大，心理承受不了，就跳楼自杀……青少年生死观念的淡薄、对自己和他人生命的漠视令人担忧。对于每个人来说，生命都是美好的。面对美好的生命，我们不能漠视，更多的是要懂得尊重和珍惜，只有珍惜生命的美丽，才会懂得生命的意义。人生不能假设，更不可重新再来。错过了就是错过了，失去的也不再属于你，与其伤心感叹，倒不如更好地珍惜现在所拥有的。

生命的价值和意义

翻开报纸，点击网页，经常会看到中小学生自杀，伤害、杀害父母、同学或其他人的报道。

2008年11月7日下午，江苏省天一中学西漳校区民办初中一名初二学生跳楼身亡。据说这名学生考试经常是第一名、第二名，但这次月考不理想。他在遗书中说到了"学习压力过大"一类的话。(《现代快报》2007年11月9日A2版) 2006年8月7日，杭州一名14岁少年因为学习问题被母亲责备，从21层高楼跳楼自杀。(新华网浙江频道2006年12月11日) 8月8日，南京一名学习成绩优异、曾获江苏省青少年科技创新大奖赛二等奖的13岁少女，服毒自杀。死者在遗书上写道："爸、妈，我不喜欢你们给我的这个生命，因为你们让我活得实在太累，整天除了让我学习还是学习。自己在外面度过的这一天真好，什么都是自由的。这天很自我，很快乐，虽然是我生命的最后一天了，但我仍十分高兴。"(《扬子晚报》)

据中国宋庆龄基金会提供的资料显示，我国每年约有1.6万名中小学生非正常死亡，相当于每天消失一个班40多名学生；调查显示，在中小学生中，曾有13.3%的人认真考虑或计划过自杀，4.9%的人尝试过自杀，"特别想自杀"的占17.4%。青少年自杀日益呈现低龄化。

不仅仅是中小学生，作为高级知识人群的大学生、研究生自杀事件近年来也屡见报端：

2005年2月18日，中国传媒大学一研究生在家中跳楼身亡；2005年4月22日，北京大学一女生在理科2号楼跳楼；2005年7月12日，北京某重点大学一女生因考试时给同学递答案，被老师当场"揪"出而悬梁自尽；2006年5月，中国人民大学一女博士自杀……

第三章 珍惜生命——生与死的反思

中国社会调查曾对北京、上海、广州、南京、武汉、大连、沈阳、哈尔滨等地高校1000名大学生进行问卷调查，调查结果显示：被访大学生中，26.5%的大学生偶尔有自杀念头；2.1%的大学生经常有自杀念头。

在这些轻易结束自己生命的人心里，生命就是完全属于自己的东西，却没有想到自己的行为会给家人带来怎样的痛苦！

生命来自父母，我们无权轻易放弃。因为我们要对父母的爱负责。当我们身为学子，我们不能辜负教师长辈们的期望，更要对自己的学业、前途负责；我们迈向社会，走向工作岗位，我们要对社会负责；我们步入婚姻礼堂，我们要对所爱的人负责；我们为人父母时，要对自己延续而来的生命负责！每份责任里都包含着一颗沉甸甸的爱心。那么，人活着到底是为了什么？——我们是为了爱而活着，为了我们所爱的人与事，和爱着我们的人与事而活着。

生命只有一次，不应无缘无故毁伤它。只有活着，才能做许多利人、利己、利国、利民，直至建功立业的事情；才能发展充实自己，使自己的聪明才智呈现辉煌。活着，是一切生命的强烈愿望和正常状态。珍惜自己的生命与身体，才能珍惜别人的生命与身体，不将自己的生命凌驾于他人的生命之上。基于对每个生命的同等尊重，才会产生最起码、最基本的道德意识，才不会掉入道德的底线之下。

热爱生命

[法] 蒙 田

对于某些词语，我常常赋予特殊的含义。就拿"度日"来说吧，天色不佳，令人不快的时候，"度日"对我来说无疑是在"消磨光阴"，而风和日丽的时候我却不愿意去"度"，这时我是在慢慢赏玩，领略美好的时光。

坏日子，要飞快去"度"；好日子，要停下来细细品尝。"度日"、"消磨时光"的常用语令人想起那些"哲人"的习气。在这些人眼中，生命的利用仿佛是一件苦事、一件贱物似的，不外乎在于将它打发、消磨，并且尽量回避它，无视它的存在。至于我，却认为生命不是这个样的，我觉得它值得称颂、富有乐趣，即便我自己到了垂暮之年也还是如此。自然恩赐予我们生命，所以我们的生命是优越无比的，如果我们觉得不堪生之重压或是白白虚度此生，那也只能怪我们自己。

"糊涂人的一生枯燥无味，躁动不安，却将全部希望寄托于来世。"

不过，我却随时准备告别人生，毫不惋惜。这倒不是因生之艰辛或苦恼所致，而是由于我清楚地知道，人本来就是要死的。因此，只有乐于生的人才能真正对死不感到苦恼。

享受生活要讲究方法，生活乐趣的大小与我们生活的关心程度成正比。关心生活比别人多一倍，所以我比别人多享受到一倍的生活。尤其在此刻，我眼看生命的时光无多，我就愈想增加生命的分量。我

第三章　珍惜生命——生与死的反思

想靠迅速抓紧时间去留住稍纵即逝的日子，我想凭时间的有效利用去弥补匆匆流逝的光阴。剩下的生命愈是短暂，我愈要使之过得丰盈饱满。

生命感悟
sheng ming gan wu

"糊涂的人一生枯燥无味，却将全部希望寄托于来世。"有些人一生平庸，却只会慨叹命运不公，寄望虚渺的来世；有的人一生坎坷，却在沧桑之后窥出生命真谛，细细品味剩下的每一刻。

我们的生命在自然的恩赐之下优越无比，那些不堪生之重压而虚度此生的人，只因他们不明白什么叫做热爱。

生命是件有灵气的器物，你越热爱它，亲近它，它便越会变得丰盈饱满。只是大多数人只知道向它索取，索取不了太多的时候，又埋怨它的不公。却忘了，自己有没有给它足够公正的热爱。所以，用全部的感情热爱生命吧，只有真的爱过了，你才会发现你收获的，远比付出的更多。

尊重自己的生命

周国平

尊重生命的价值，包括尊重自己的生命和尊重别人的生命。我认为一个人首先要尊重自己的生命，如果你不懂得尊重自己的生命，实际上你就不可能懂得尊重别人的生命。

从尊重自己的生命来说，一是要珍惜生命，养成健康的生活方式，不做损害生命的事，比如吸毒、纵欲、过劳等。珍惜生命这个道理似乎很简单，其实真正做到并不容易。我们对于拥有生命这件事情实在是太习惯了，而习惯了的东西我们往往是不知珍惜的。可能我们平时会做很多损害自己生命的事情，但是直到最后恶果暴露出来的时候，我们才追悔莫及。很多科学家、企业家英年早逝，往往是因为过于疲劳，如果他们早知道是这个结果，就一定会有所节制。人生有很多可欲的价值，比如成功、财富等等，追求这些东西无可非议，但是应当记住，你的生命比那些东西重要得多，没有了生命，那些东西都是空的。实际上我们很容易忘记，我自己也是这样，一忙起来就不要命，仔细想想是很不理智的。

另一个是要享受生命。我最反对禁欲主义，在我看来，凡是自然赋予人的欲望都是无罪的，都有权利得到满足。但是，享受生命不应该停留在满足生理性的欲望，这个层次还太低。我们应当经常倾听一下自己的生命在说什么，它真正的需要是什么，怎样的状态才是它感到最舒服的状态。在我们这个时代，一个常见的现象是，人们纷纷把

第三章 珍惜生命——生与死的反思

生命用于追求物质的东西，然后又来消费这些物质的东西，总之，把生命完全用来满足物欲。我始终认为，这其实是在使用生命，甚至是在糟蹋生命，绝不是在真正享受生命。这里面有一个很大的误解，就是把物欲等同于生命欲望。事实上，物欲是社会刺激起来的，绝不是生命本身的需要。许多希腊哲人都指出一点，就是生命对物的需要其实是十分有限的，中国道家也强调"全性保真"、"不失性命之情"、"不以物累形"，这些哲人是生命真正的知音，他们的话值得我们好好想一想。

怎样才是尊重自己的生命，我觉得不但要珍惜生命、享受生命，更重要的是要对自己的生命负责。人生有很多责任，你要对很多东西负责。作为一个家庭的成员，子女要对父母负责任，父母要对子女负责任；作为社会的成员，每个人都要对社会负责任。但我觉得最根本的责任是一个人要对自己的人生负责任。你想想看，一个人只有一次人生，如果你死了，没有任何人能够代替你再活一次；如果你的一生虚度了，没有任何人能真正安慰你，那时候说什么都没有用了。你对自己的人生的责任，没有任何人能替你分担。所以，每个人都应该对自己的人生有最严肃的责任心，它实际上是一个人在世界上其他一切责任心的根源。你对自己的人生不负责，怎么过都无所谓，如果你抱这样的态度的话，这样一个人会对其他的事真正负起责任吗？自己怎么活都无所谓，这样的人怎么可能对别人的事情认真呢？相反，如果你对自己的人生有强烈的责任心，那么，你对你该做什么事、不该做什么事一定会有严肃的考虑，对于你认为应该做的事情，你就一定会负起责任；当然，如果你觉得不该做，做那些事对你的人生没有意义，甚至有反面的意义，你也就会明确地拒绝。所以我认为，对自己的人生负责任，这是对自己生命的最大尊重。

生命感悟
sheng ming gan wu

忽然想到全球最大的零售批发商场沃尔玛，员工守则核心三条：尊重个人，服务顾客，追求卓越。沃尔玛能取得斐然业绩的原因，或许就可以从这里窥出端倪。它不像其他商场和传统服务行业，总是过分强调"顾客第一"原则，而是把对个人、对员工的尊重放在了第一位。是的，唯有尊重个体，对个体生命有了景仰，才可能对他人和社会有发自内心的尊重。

尊重自己的生命，就要善待每一次的邂逅，无论是与人，抑或自然；尊重自己的生命，就要让它不被平凡磨掉最初的色彩，熠熠生辉。

尊重自己的生命吧，它是自然赋予我们最神圣的奇迹，有什么理由，我们不去对这份属于自己的奇迹感怀戴念，铭记于心呢？

第三章 珍惜生命——生与死的反思

活着的一万零一条理由

秦文君

不知是由于天性中的忧郁、孤独，还是因为成长的受挫、痛楚，有一段时间，我心里时常会冒出许多有关生命的疑惑。而那时，我的外祖母已年届八十，银发飘飘，说话气喘吁吁，走路时双手不停地哆嗦，像被巨大的无形之手牵引着。但她却像一棵顽强的老树，勤勉地活着，将慈爱的笑容给予她所爱的人。

外祖母常说活着的理由有一万零一条，所以她才留恋生命，留恋那晒进来的满房间的阳光。当我追问她究竟那一万零一条理由是什么时，她总是笑而不答，并让我自个去寻找答案。

我果真去准备了个本子，到处找人攀谈，请他们说出活着的理由。很快，那些理由铺天盖地而来：

有个常来送信的邮差说，他活着是为了亲人，他爱他们，要与他们厮守，共度长长的一生；有个邻居是大学生，他说活着是为了荣誉和生命的尊严；我还问过一位陌生的过路人，他说为了不白白来人世一趟，他要到处走走、看看，跋山涉水，去领略生命中的许多潜藏的景观，这就是他活着的理由。

最难忘的是一个身患绝症的少女，她长着圆圆的白白的脸，走路都已经软着膝盖了，还常常出来坐在树下，倾听鸟儿的歌唱。她起初并不知晓自己的病情，后来有人说话不慎露出了口风，少女却没有为此哭泣，而是更长久地坐在树下，抱住她爱的树。很久很久以后，人们才发现她在树干上刻下三个字：我要活。

渐渐的，我那本子上记载的理由已有数百条了。过了一年，又变成了数千条。虽然远不及外祖母所说的那般浩瀚，但字里行间的真挚动人，却足以说明：热爱生活、善待他人、怀有追求，是多么明智和高尚的选择。

随着阅历的增加，那个本子密密麻麻地记载了无数个活着的理由，它层层叠叠，甚至有的还相互重合，但它们中间熠熠闪光的便是：希望。有了希望就有了黎明，有了企盼，有了转机，有了续写未来的可能，有了对生命价值的思索，有了创造奇迹的起点。

然而，并非人人都能眺望到希望，因为希望总在遥远的前方，具备放眼长望的能力的人才能看到它。我曾听一位身世坎坷的少女谈及，16岁那年她遭受了一次巨大的不白之冤，她发誓说，如果第九十九天她还讨不回清白，就毁灭自己。可到第九十天时，她看到了希望，及时修正了誓言。结果，她抗争了整整一年，终于得到了公正的结局。

断断续续好几年，我都认真地搜集着一条条"理由"，终于有一天，我不再热衷于这方面的抄录，而且，我估计，也许那样的理由已达到了一万条。

就在这时，外祖母病危，我赶到医院去看她。当时，她定定地睁着眼，侧着双耳，专注而又陶醉地聆听着什么。我悄声问她在听什么美妙的声音。

外祖母喃喃地说："我在听心跳的声音。"

这何尝不是世上最美的仙乐呢？生命多么辉煌灿烂，多么值得去珍惜。

我流着泪，郑重地将这第一万零一条活着的理由镌刻在心中，永

第三章　珍惜生命——生与死的反思

远，永远……

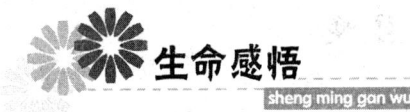

生命感悟

活着，有的人是为了尊严和荣誉，有的人是为了亲情和友情，有的人仅仅是单纯地不想白白来世一遭，还有的人是阅尽人间沧桑智慧，安静地在生命的最后，仍然聆听着自己的心脏演奏出的世上最留恋的仙乐。

如果你有一万个理由抱怨生活的诸多不如意，但一定有一万零一个理由让你对明天的朝阳仍然充满着期盼——你永远不知道下一个路口会遇到什么。

这一万零一个理由就是希望，就是珍惜，就是贪恋世间那一抹温暖你的阳光。那么，为了充满希望的那缕朝阳，请铭记属于我们的第一万零一条活着的理由吧。

生命的召唤

[美] 惠特曼

记得小时候，我住在加拿大挪瓦斯科塔乡下时，发生过一件事。邻居一位太太去世，鳏夫整日酗酒，根本不管孩子。村中有位寡妇把那家的一个男孩带回自己家。她很贫穷，又没上过学，但却竭尽全力照顾这个浑身发抖、性情孤僻的孩子。男孩好像转眼间变了，个子长高了，性格也开朗了。但是我们和他不熟，谁也不跟他讲话，这使他很自卑。

有一天，他的养母看见我们在玩耍，而那孩子却躲在一边抽泣，没人理睬。她把他带回屋里，然后对我们大动肝火："我不准你们这样待他！这孩子也是人。现在的生活会影响他的一生。每次我使他稍微抬起头来，你们又把它压下去。你们不想让他活吗？"

许多年过去了，我总也忘不了这件事。它使我第一次领悟那深刻而严肃的人生哲理——人能成全他人，也能毁弃他人，互相帮助能使人奋发向上，互相抱怨会使人退缩不前。人与人之间的这种影响，就像阳光与寒霜对田野的影响一样。每个人都随时发出一种呼唤，促使别人荣辱毁誉，生死成败。

一位作家曾把人生比作蜘蛛网。他说："我们生活在世界上，对他人的热爱、憎恨或冷漠，就像抖动一个大蜘蛛网。我影响他人，他人又影响他人。巨网振动，辗转波及，不知何处止，何时休。"

有些人专会鼓吹人生没有意义没有希望。他们的言行使人放弃、退缩或屈服。这些人之所以如此，可能是因为自己受了委屈或遇到不幸，

第三章 珍惜生命——生与死的反思

但不论原因如何，他们孤僻冷淡，使梦想幻灭、希望成灰、欢乐失色。他们尖酸刻薄，使礼物失值、成绩无光、信心瓦解。留下来的只是恐惧。

这种人为数不多，但类似的冷言冷语我们都遇到过。例如，妻子因丈夫身体虚弱，收入微薄，便讥笑他："你也配做男人？"又如，妻子努力学习烹调，而丈夫的回答却是："我看你根本不是那块料。"再如，学生写了一篇有才华有创见的论文，而老师却嫌他书法拙劣，有错别字。

这种人使人觉得没有办法应付人生，从而灰心丧气、自惭形秽、惊惶失措。而我们可能又会将这种情绪传染给别人，因为我们受了委屈，一定要向人诉苦。

但是那些生性爽朗，鼓励别人奋发，令人难以忘怀的人又怎样呢？和这些人在一起，会感到朝气蓬勃，充满信心。他们使我们表现才能、发挥潜力、有所作为。

我上小学时，遇到过这样一位好老师。她讲课生动，充满激情。她在课上念我们幼稚的作文时，我们看到她脸上惊喜的表情，或会心的微笑，听到她愉快的赞叹，或同情的低泣。每当我们的文笔有清新之处，她一定倍加鼓励。她的批评恳切而委婉："这里还可以加加工"，"那里还可以更深刻。"

英国大诗人白朗宁也是这样的人。他使他的妻子伊丽莎白·巴莱特重获新生。伊丽莎白母亲去世很早，留下 11 个子女。伊丽莎白从小体弱多病，全家都对她特殊照顾，医生也怀疑她身患肺病，使伊丽莎白自己深信不疑，整日闷闷不乐，生活毫无乐趣。

她 40 岁时，遇到白朗宁。他对她一见倾心。见面一两天后，就给她写来热情洋溢的信。他否认她有任何疾病，消除了她的恐惧。他把她带出病室，和她结了婚。她 41 岁时周游了世界，43 岁生下了一个健康的孩子。她的才华得到了充分施展，她后来写的诗充满了激情。

生命的价值和意义

不热爱生活的人是写不出这样的诗句的。

我们谁不愿像他们，使别人的生命之火燃烧？最重要的是先要弄清自己是否热爱生命，是否具有活力。热爱生命的人才能分享于他人。不要按捺住自己的热情，应该拿出来为别人打通幸福的道路。

我们珍惜自己的生命，但也应该同样尊重别人的意志。我们应当了解别人的生活和理想与我们不同，应当倾听别人的诉说，找出他们的长处，给他们表现的机会，并让它继续生长。任何生物都要生长。生长是生命的过程——生命是棵生长着的树，不是毫无生机的雕像。

是的，人的一生非常曲折，甚至艰辛，但前途无穷，富有生机，充满机会。那些有希望的人都不是怨天尤人的人。

珍惜自己生命活力，便也使他人分享了你的活力。有给予，必有报答。人生和爱情一样，不会自己滋长，必须先给予而后才有发展。给予越多，生命便越丰富。

生命感悟
sheng ming gan wu

"人能成全他人，也能毁弃他人。"这是一个不变的人生哲理。

我们都有这样的经历，与积极上进，性格开朗的人在一起，我们能感受到生命的活力和激情。而与终日抑郁，消极沉闷的人在一起，我们的活力也似乎被对方抽空。这就是生命的召唤，每个生命在靠近另一个生命时，都能感受和影响到彼此的情绪和精神。

所以，首先让我们做一个充满热情和热爱生活的人吧。热爱生命才能分享给他人，而分享之后，你会发现，我们共同打造了一条通往幸福的道路，我们的生命，因给予之后，更加丰富。

108

第三章　珍惜生命——生与死的反思

生

巴　金

死是谜，有人把生也看做一个谜。

许多人希望知道生，更甚于愿意知道死。而我则不然，我常常想了解死，却没有一次对于生起过疑惑。

世间有不少的人喜欢拿"生是什么"、"为什么生"的问题折磨自己，结果总是得不到解答而悒郁地死去。

真正知道生的人大概是有的；虽然有，也不会多。人不了解生，但是人依旧活着。而且有不少的人贪恋生，甚至做着永生的大梦：有的乞灵于仙药与术士，有的求助于宗教与迷信；或则希望白日羽化，或则祷祝上登天堂。在活着的时候为非作歹，或者茹苦含辛以积来世之福——这样的人也是常有的。

每个人都努力在建造"长生塔"，塔的样式自然不同，有大有小，有的有形，有的无形。有人想为子孙树立万世不灭的基业，有人愿去理想的天堂中做一位自由的神仙。然而不到多久，这一切都变成过去的陈迹而做了后人凭吊唏嘘的资料了。没有一座沙上建筑的楼阁能够稳立的。这是一个很好的教训。

一百四十几年前"法国大革命"中的启蒙学者让·龚多塞不顾死刑的威胁，躲在巴黎卢森堡附近的一间顶楼上忙碌地写他的最后的著作，这是历史和科学的著作。据他说历史和科学就是反对死的斗争。他的书也是为征服死而著述的。所以在写下最后两句话以后，他便离开了隐匿的地方。他那两句遗言是："科学要征服死，那么以后就不会再有人死了。"

他不梦想天堂，也不寻求个人的永生。他要用科学征服死，为人类带来长生的幸福。这样，他虽然吞下毒药，永离此世，他却比谁都更了解生了。

科学会征服死。这并不是梦想。龚多塞企图建造一座为大众享用的长生塔，他用的并不是平民的血肉，像我的童话里所描写的那样。他却用了科学。他没有成功。可是他给那座塔奠了基石。

这座塔到现在还只有那么几块零落的基石，不要想看见它的轮廓！没有人能够有把握地说定在什么时候会看见它的完成。但有一件事实则是十分确定的：有人在孜孜不倦地努力于这座高塔的建造。这些人是科学家。

生物是必死的。从没有人怀疑过这天经地义般的话。但是如今却有少数生物学者出来企图证明单细胞动物可以长生不死了。

德国的怀司曼甚至宣言："死亡并不是永远和生物相关联的。"因为单细胞动物在养料充足的适宜的环境里便能够继续营养和生存。它的身体长大到某一定限度无可再长的时候，便分裂为二，成了两个子体。它们又自己营养，生长，后来又能自己分裂以繁殖其族系，只要不受空间和营养的限制，它们可以永远继续繁殖，长生不死。在这样的情形下面当然没有死亡。

拿草履虫为例，两个生物学者美国的吴特拉夫和俄国的梅塔尼科夫对于草履虫的精密的研究给我们证明：从前人以为分裂200次，便现出衰老状态而逼近死亡的草履虫，如今却可以分裂到1300次以上，就是说它能够活到二十几年。这已经比它的平常的寿命多过70倍了。

第三章　珍惜生命——生与死的反思

有些人因此断定说这些草履虫经过这么多代不死，便不会死了。但这也只是一个假定。不过生命的延长却是无可否认的。

关于高等动物，也有学者做了研究：现在鸡的、别的一些动物的，甚至人的组织（tissue）已经可以用人工培养了。这证明：多细胞动物体的细胞可以离开个体，而在适当的环境里生活下去，也许可以做到长生不死的地步。这研究的结果离真正的长生术还远得很，但是可以说朝这个方向前进了一步。在最近的将来，延长寿命这一层，大概是可以办到的。科学家居然在显微镜下的小小天地中看出了解决人间大问题——生之谜的一把钥匙。过去无数的人在冥想里把光阴白白地浪费了。

我并不是生物学者，不过偶尔从一位研究生物学的朋友那里学得一点点那方面的常识。但这只是零碎地学来的，而且我时学时忘。所以我不能旁征博引。然而单是这一点点零碎的知识已经使我相信龚多塞的遗言不是一句空话了。他的企图并不是梦想，将来有一天科学真正会把死征服。那时对于我们，生就不再是谜了。

然而我们这一代（恐怕还有以后的几代）和我们的祖先一样，是没有这种幸运的。我们带着新的力量来到世间，我们又会发挥尽力量而归于尘土。这个世界映在一个婴孩的眼里是五光十色，一切全是陌生。我们慢慢地活下去。我们举起一杯一杯的生之酒尽情地饮下。酸的、甜的、苦的、辣的我们全尝到了。新奇的变为平常，陌生的成为熟悉。但宇宙是这么广大，世界是这么复杂，一个人看不见、想不到的是太多了。我们仿佛走一条无尽长的路程，游一所无穷大的园林，对于我们就永无止境。"死"只是一个障碍，或者是疲乏时的休息。有勇气、有精力的人是不需要休息的，尤其在胜景当前的时候。所以人应该憎恨"死",不愿意跟"死"接近。贪恋"生"并不是一个罪过。每个生物都有生的欲望。蚱蜢饥饿时甚至吃掉自己的腿以维持生存。这种愚蠢的举动是无可非笑的,因为这里有的是严肃。

俄罗斯民粹派革命家妃格念尔"感激以金色光芒洗浴田野的太阳,感激夜间照耀在花园天空的明星",但是她终于让沙皇专制政府将她在席吕塞堡中活埋了20年。为了革命思想而被烧死在美国电椅上的鞋匠萨珂还告诉他的6岁女儿:"夏天我们都在家里,我坐在橡树的浓荫下,你坐在我的膝上;我教你读书写字,或者看你在绿的田野上跳荡、欢笑、唱歌,摘取树上的花朵,从这一株树跑到那一株,从清朗、活泼的溪流跑到你母亲的怀里。我梦想我们一家人能够过这样的幸福生活,我也希望一切贫苦人家的小孩能够快乐地同他们的父母过这种生活。"

"生"的确是美丽的,乐"生"是人的本分。前面那些杀身成仁的志士勇敢地戴上荆棘的王冠,将生命视做敝屣,他们并非对于生已感到厌倦,相反的,他们倒是乐生的人。所以奈司拉莫夫坦白地说:"我不愿意死。"但是当他被问到为什么去舍身就义时,他却昂然回答:"多半是因为我爱'生'过于热烈,所以我不忍让别人将它摧残。"他们是为了保持"生"的美丽,维持多数人的生存,而毅然献出自己的生命的。这样深的爱!甚至那躯壳化为泥土,这爱也还笼罩世间,跟着太阳和明星永久闪耀。这是"生"的美丽之最高的体现。

"长生塔"虽未建成,长生术虽未发现,但这些视死如归但求速朽的人却也能长存在后代子孙的心里。这就是不朽。这就是永生。而那般含垢忍耻积来世福或者梦想死后上天堂的"芸芸众生"却早已被人忘记,连埋骨之所也无人知道了。

第三章　珍惜生命——生与死的反思

　　我常将生比之于水流。这股水流从生命的源头流下来，永远在动荡，在创造它的道路，通过乱山碎石中间，以达到那唯一的生命之海。没有东西可以阻止它。在它的途中它还射出种种的水花，这就是我们生活里的爱和恨、欢乐和痛苦，这些都跟着那水流不停地向大海流去。我们每个人从小到老，到死，都朝着一个方向走，这是生之目标，不管我们会不会走到，或者我们会在中途走入了迷径，看错了方向。

　　生之目标就是丰富的、满溢的生命。正如青年早逝的法国哲学家居友所说："生命的一个条件就是消费……个人的生命应该为他人放散，在必要的时候还应该为他人牺牲……这牺牲就是真实生命的第一个条件。"我相信居友的话。我们每个人都有着更多的同情，更多的爱慕，更多的欢乐，更多的眼泪，比我们维持自己的生存所需要的多得多。所以我们必须把它们分散给别人，否则我们就会感到内部的干枯。居友接着说："我们的天性要我们这样做，就像植物不得不开花似的，纵然开花以后便会继之以死亡，它仍旧不得不开花。"

　　从在一滴水的小世界中怡然自得的草履虫到在地球上飞腾活跃的"芸芸众生"，没有一个生物是不乐生的，而且这中间有一个法则支配着，这就是生的法则。社会的进化，民族的盛衰，人类的繁荣都是依据这个法则而行的。这个法则是"互助"，是"团结"。人类靠了这个才能够不为大自然的力量所摧毁，反而把它征服，才建立了今日的文明；一个民族靠了这个才能够抵抗其他民族的侵略而维持自己的生存。

　　维持生存的权利是每个生物、每个人、每个民族都有的。这正是顺着生之法则，侵略则是违反了生的法则的。所以我们说抗战是今日的中华民族的神圣的权利和义务，没有人可以否认。

　　这次的战争乃是一个民族维持生存的战争。民族的生存里包含着

生命的价值和意义

个人的生存，犹如人类的生存里包含着民族的生存一样。人类不会灭亡，民族也可以活得很久，个人的生命则是十分短促。所以每个人应该遵守生的法则，把个人的命运联系在民族的命运之上，将个人的生存放在群体的生存里。群体绵延不绝，能够继续到永久，则个人亦何尝不可以说是永生。

在科学还未能把"死"完全征服、真正的长生塔还未建立起来以前，这倒是唯一可靠的长生术了。

我觉得生并不是一个谜，至少不是一个难解的谜。

我爱生，所以我愿像一个狂信者那样投身到生命的海里去。

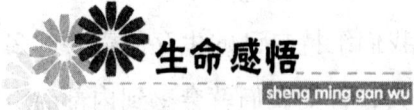

生命感悟 sheng ming gan wu

古往今来，已经有太多颂扬和探究过死的意义的作品和文字。像"杀身成仁"、"舍生取义"的高风亮节，像"重于泰山"或"轻于鸿毛"的价值衡量。

生命可贵，所以人们对于逝去的生命尤其显得尊重和缅怀。生，反倒被冷落在一旁，变得平凡和不足道。然而，没有生的伟大，何谈"死的光荣"？

出生入死中，没有生在现实中奠定的那么多平凡意义，又怎么有死后功过评说？所以，该更多探求和关注的，是如何生，如何让生命在还未逝去时过得更加有意义。

第三章 珍惜生命——生与死的反思

一片树叶

[日] 东山魁夷

人应当谦虚地看待自然和风景。为此，固然有必要出门旅行，同大自然直接接触，或深入异乡，领略一下当地人们的生活情趣。然而，就是我们住地周围，哪怕是庭院的一木一叶，只要用心观察，有时也能深刻地领略到生命的含义。

我注视着院子里的树木，更准确地说，是在凝望枝头上的一片树叶。而今，它泛着美丽的绿色，在夏日的阳光里闪耀着光辉。我想起当它还是幼芽的时候，我所看到的情景。那是去年初冬，就在这片新叶尚未吐露的地方，吊着一片干枯的黄叶，不久就脱离了枝条飘落到地上。就在原来的枝条上，这幼小的坚强的嫩芽，生机勃勃地诞生了。

任凭寒风猛吹，任凭大雪纷纷，你默默等待着春天，慢慢地在体内积攒着力量。一日清晨，微雨乍晴，我看到树枝上缀满粒粒珍珠，这是一枚枚新生的幼芽凝聚着雨水闪闪发光。于是我感到百草都在催芽，春天已经临近了。

春天终于来了，万木高高兴兴地吐翠了。然而，散落在地面上的陈叶，早已腐烂化作泥土了。

你迅速长成一片嫩叶，在初夏的太阳下浮绿泛金。对于柔弱的绿叶来说，初夏，既是生机旺盛的季节，也是最易遭受害虫侵蚀的季节。幸好，你平安地迎来了暑天，而今正同伙伴们织成浓密的青荫，遮蔽着枝头。

我预测着你的未来。到了仲夏，鸣蝉将在你的浓荫下长啸，待一场台风袭过，那蝉鸣变成了凄切的哀吟，天气也随之凉爽起来。蝉声一断，随之而来的是树根深处秋虫的合唱，这唧唧虫声，确也能为静寂的秋夜增添不少雅趣。

你的绿意，不知不觉黯然失色了，终于变成了一片黄叶，在冷雨里垂挂着。夜来秋风敲窗，第二天早晨起来，树枝上已经消失了你的踪影。只看到你所在的那个树枝上又冒出了一个嫩芽。待到这个幼芽绽放绿意的时候，你早已零落地下，埋在泥土之中了。

这就是自然，不光是一片树叶，生活在世界上的万物，都有一个相同的归宿。

一叶坠地，绝不是毫无意义的。正是这片片黄叶，换来了整个大树的盎然生机。这一片树叶的诞生和消亡，正标志着生命在四季里的不停转化。

同样，一个人的死关系着整个人类的生。死，固然是人人所不欢迎的。但是，只要你珍爱自己的生命，同时也珍爱他人的生命，那么，当你生命渐尽，行将回归大地的时候，你应当感到庆幸。这就是我观察庭院里的一片树叶所得的启示。不，这是那树叶向我娓娓讲叙的生死轮回的要谛。

第三章　珍惜生命——生与死的反思

生命感悟
sheng ming gan wu

很多人听过"一叶知秋"的典故。不错，从一片树叶，可以窥出整个季节的兴衰，从而看到生命清晰的脉络。

岁月枯荣，生活更迭。但生命不息，周而复始。一片树叶的启示，一段人生的启迪。脆弱的背后未必真的脆弱，野火烧不尽。短暂的背后未必真的短暂，春风吹又生。人的华年和树叶的华年，本质没有什么不同，都是自然赋予的奇迹与恩赐。

生命，最柔弱，也最坚韧；最短暂，也最长久。

生命的价值和意义

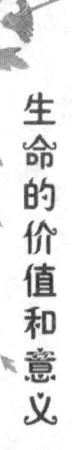

生命不仅属于自己

肖复兴

母亲已经去世十几年了,怪得很,还是在梦中常常见到,而且是那样清晰。一个人与一个人的生命就是这样系在一起,并不因为生命的结束而终止。

记得那一年母亲终于大病初愈了,那时,我刚刚大学毕业。一直躺在病床上,母亲消瘦了许多,体力明显不支,但总算可以不再吃药了,我和母亲都舒了一口气。记不得是从哪一天的清早开始,我忽然被外屋的动静弄醒,有些害怕,因为母亲以前得的是幻听式精神分裂症,常常是在半夜和清晨时突然醒来跳下床,我真是生怕她的旧病复发。我悄悄地爬起来往外看,只见母亲穿好了衣服,站在地上甩胳膊伸腿弯腰的,有规律地反复地动作着,显然是她自己编出来的早操。我的心里一下子静了下来,母亲知道练身体了,这是好事,再老的人对生命也有着本能的向往。

大概母亲后来发现了每早的锻炼吵醒了我的懒觉,便到外面的院子里去练她自己杜撰的那一套早操,她的胳膊腿比以前有劲儿多了,饭量也好多了。正是冬天,清晨的天气很冷,我对母亲说:"妈,您就在屋子里练吧,不碍事的,我睡觉死。"母亲却说:"外面的空气好。"

也许到这时我也没能明白母亲坚持每早的锻炼为了什么。后来有一次我开玩笑说她:"妈,你可真行,这么冷,天天都能坚持!"她

第三章 珍惜生命——生与死的反思

说:"咳,练练吧,我身子骨硬朗点儿,省得以后给你们添累赘。"这话说得我的心头一沉,我才知母亲所做的一切是为了孩子,她把生命的意义看得是这样的直接和明了。在以后的很多日子里,我常常想起母亲的这话和她每天清早锻炼身体的情景,便常让我感动不已。一直到母亲去世的那一天,她都没给孩子添一点儿累赘。母亲是无疾而终,临终的那一天,她都将自己的衣服包括袜子和手绢洗得干干净净,整齐地叠放在柜门里。

也许,只有母亲才会这样对待生命。她将生命不仅仅看成自己的,而是关系着每一个孩子,将她的爱通过生命的方式传递。其实,我们每一个人的生命都是这样的,都不仅仅属于自己,都会天然地联系着他人,尤其是自己的亲人,只是有时我们不那么想或想得不周,总以为生命是属于自己,自己痛苦就痛苦罢了,而不那么善待甚至珍惜,不知道这样是会连及亲人的,他们现在会为我们日夜担心,日后会为我们辛苦操劳。这样的例子不止一人,我的弟弟就是其一。他饮酒成性,喝得胃出血,一边吃药一边照样攥着酒瓶子不放。大家常常劝他,他却死猪不怕开水烫。不止一个人说他:"你得注意点儿身体,要不会喝出病来的,弄不好连命都得搭进去。"他却说一句:"无所谓。"照样以酒为乐,以酒为荣,根本没考虑到他的妻子、他的孩子包括我在内会也是那样轻巧的无所谓吗?他连起码想想如果有一天真是喝出病来不可收拾的时候会给亲人带来多少痛苦都没有。

每次看到他这样子,我便想起母亲,我也曾将母亲当时锻炼的情景告诉给他,但似乎他无动于衷。想想,他没有亲身感受到那情景,母亲每天清晨锻炼身体而想着包括我和他在内的孩子的当时,他喝酒喝得正痛快淋漓着呢。或许,这就是孩子和母亲的区别。只有孩子才

生命的价值和意义

始终是母亲的连心肉,孩子脱离母体之后总以为是飞跑了的蒲公英,可以随处飘落而找不到了根系。

我们常说一个人和一个人感情是可以相通的,其实,一个人和一个人的生命更是可以相连的。

生命感悟
sheng ming gan wu

身边一些说自己不堪生活负担的朋友常常赌气说句"早点闭眼了就没这么多烦心事了",每次听到这样的话,都会感到很悲哀。

古人尚有"身体发肤,受之父母,岂敢损伤"的觉悟,现代人却轻生者甚多,让人遗憾。只有"不负责任",因为想不出其他能解释的理由。我们每个人的生命都与身边人息息相关,亲人、爱人、朋友。自己开心度过每一天,就是对他们最大的安慰。

生命不属于自己,所以,请一定照顾好自己。你要知道,你的快乐,就是爱你的人最大的幸福。

第三章　珍惜生命——生与死的反思

生命真美好

[日] 伊藤桂一

我今年已经73岁了。

人一旦到了70岁，就会觉得心胸上更开阔，心理上更坦然、更从容不迫，也更喜欢回忆往事，愿意总结和感悟生命的意义。因为死亡已经越来越近，而且随时随地都可能降临，让人无法避免地去思考生与死这个命题。

生命的全部意义在于尽情享受生活所带来的乐趣，但是不良的生活方式以及许多意外事故却有可能导致生命的早逝。

我在古稀之年的今天，回首逝去的70年岁月，发现有许多知己和朋友因为酗酒而先于我离开了人世。我对此十分不理解，难道人生在世没有比醉酒更让人愉快的事了吗？在他们的眼里，或许一醉方休、英年早逝才是人生的最大幸福？

除了酗酒这个原因外，另一个促使早亡的因素是过量美食和过度劳累。

我的一位朋友是著名的美食家，为了品尝鳗鱼之鲜，可以不顾百里之途的劳累，而且每次光顾浜松的那家著名餐馆，从来没有给我打过电话，因为那家餐馆是我介绍给他的，可见他吃鳗鱼的时候是多么的投入，我这个老朋友早已被他忘到九霄云外去了。大量的美食造成脂肪的堆积，这位美食家就这样过早地死去了。

过度劳累同美食和酗酒一样是人的意志所难以控制的，尤其是有

生命的价值和意义

了一定的成就以后，就会身不由己地为名利所累。不信你看，艺术家和通俗作家中很少有人长寿。

有人也许会说，回避那些美味佳肴，粗茶淡饭、孤独清贫地生活就好吗？我想结论应当是肯定的。

人能活在这个世界上才是最美好的，我之所以放弃许多东西，为的是让生命能够更长久地存在下去。因为只有活着才能领略到瞬息万变、千奇百态的世间人情，才能真切地体验到人生的真正意义。

也许，只有像我这样活到70岁的人，才有可能领悟到这个人生的真谛，那些以酗酒的方式解除疲劳之苦，误以美食而享乐人生的人，是认识不到这一点的。

非常令人惋惜的是，有些人尚未到60岁就过早地死去了，大千世界里千变万化的事物，丰富多彩的风貌，国际上的风云变幻，再也没有机会体味和观赏了，这是多么遗憾的事啊。

我的生活原则是：远离烟、酒、美食，工作量力而行，凡事适可而止，绝不勉强为之。

有一位编辑朋友经常和我开玩笑说："你很会保养啊！"每逢听到他的话，我总是笑着回答："我可是时髦作家呀！"其实，人出名以后被许许多多人追捧着，这是一件可怕的事。然而，意识到这一点的时候大多已在弥留之际，可以说是太晚太晚了。

所谓的感悟人生无非是能够清楚客观地看待生命与生活，我每天都能感受到生活的厚重和幸运；与此同时，我针对自身的情况，坦然选择了适合自己的生活方式。作为战争的幸存者，我还要做一些不辱使命的工作，我相信无论何时都不会陷入那种磨难中，也绝不会为任何名利和冠冕所累。我所做的一切都是为了延长我的生命，为了更充

第三章　珍惜生命——生与死的反思

实地活着，其中的甘苦得失都是值得的。

有人也许会产生疑问：人生在世，未尝酣畅的快乐，未品佳肴的美味，未有忘情的奋斗，未知美女的销魂，这算是什么人生啊！我在这里坦然地告诉他：我非常珍惜美好的生命！

生命感悟
sheng ming gan wu

当我们闻着花香，生命便被付诸以芬芳。当我们渴饮鲜水，生命便被付诸以甘霖。当我们得到微笑，生命便被付诸以善意。

未必一定要一览众山小，点滴中感受生命的妖娆。未必一定要英雄到老，平凡中也有美好。只是很多时候，我们被挫折锉掉了勇气，被怀疑伤到了和气，被琐碎耗掉了锐气，被平凡磨掉了生气。呼是出一口气，吸是争一口气。

生命不息，呼吸不止。试问，我们有什么理由，不珍惜这样的美好，不奋斗这样的美好？

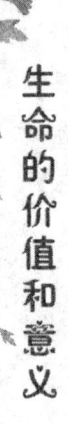

活着，千万别错过生命

吴甘霖

生命对每个人而言，都只有短短的一程。在这世上，我们人人都只走一遭！

只走一遭的人，你们真正想过生命对自己意味着什么吗？真正探究过什么是一生中最该关心的事吗？

有不少人，因一点挫折就一蹶不振，甚至轻易地将万古难得的生命丢弃。

更有不少人浑浑噩噩，一任生命放纵，到最后却发现一生如同白纸。

还有不少人虽然意识到把握智慧生命的重要，但却一直在黑暗中摸索，想突破无法突破，想超越没法超越，最后遗憾地离开世界……

虽然人人都拥有生命，但不同的人却可以拥有不同的生命品质：

可以让生命变为一朵鲜花，也可让它成为一堆牛粪。

可以让生命成为一点萤火，也可让它成为一颗星星。

可以让生命成为一堆水洼，也可让它成为汪洋大海。

生命为何有这么大的区别呢？

我想，最大的区别就在于能否掌握生命的智慧。

生命智慧——就是关于如何面对生和死的智慧。

其实，每个人都和一棵树一样，最可怕的不是外在的风暴，而是内在生命力的枯萎。

第三章　珍惜生命——生与死的反思

而生命智慧就是生命力的根本,是生命力旺盛、长久和建设性的保证!

生命智慧——你一生中属于自己的阳光!

这份阳光有别于其他,它不受外界限制,没有人可以夺走!

别人也许可以给你道路,但谁也无法给你奔跑的双腿;别人也许可以给你天空,但谁也无法给你腾飞的翅膀!要对得起这份仅仅一次属于你的人生,你就必须拥有这份属于自己的阳光!

只有你具有了这样的阳光,你的心灵与道路才被照亮!

活着,千万别错过生命!

生命感悟
sheng ming gan wu

记得冰心说过一句话:"假如生命是没有意义的,我不要来生;假如生命是有意义的,今生已经足够。"

生命短暂,白驹过隙。我们用生命中一半多的时间睡觉,1/3 的时间吃饭,1/4 的时间浪费在各种琐碎小事上,而真正用于奋斗和做有意义事情的时间还不到 1/6。

很多美好,在你想要珍惜的时候,已经不再。所以,请珍惜你感到有意义的每一个瞬间,活着,千万别错过生命。

生命的价值和意义

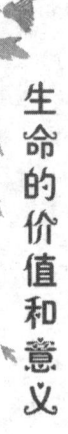

生命是美好的

[美] 爱默生

死亡是人类永远无法回避的主题，所有受过同样教育的人都知道：一个人，从他出生的那一刻起，就开始走向死亡。更令人感到恐怖的是，从野蛮民族搜集到的关于死亡的种种现象，让人类阴暗忧郁的情绪更加沉重。而今，情况已经发生了很大变化，死亡被看成是很自然的事情，变得不再那么可怕。有一位智者让人在他的墓碑上刻了"思考生活"几个字，从中可以看到人们观念上的进步。不再忧虑前生和来世，努力把握现在，让生命更加绚丽多彩，这才是你活着的真正目的。不要把精力浪费在怀疑和恐惧上，要专心致志地做好眼前的事，要坚信现在的所作所为是为未来的日子奠定坚实的基础——死亡并不可怕，只要你明确知道生活的目标。

一个有思想的人必然会热爱生命，对死亡也会有必要的心理准备。我认为，这是由于他已经感悟到生的价值和死的玄妙，所以才能够坦然面对。一个世俗而平庸的人定然是害怕死亡的，对死亡充满了恐惧，这是因为他还没有领悟到人类生与死的玄机。

……

生命是美好的。既然生命如此美好，就应该让它存在下去！每一个热爱生命的人，都会本能地希望生命永存。

我们热爱生命、热爱知识和力量，因为它们都是美好的。在这个永恒的世界里，相信我们永远不会放弃对美好生活的追求。

第三章　珍惜生命——生与死的反思

生活每时每刻都在教育我们，即使在尚未知晓的时间和空间里，我们仍然可以体验无处不在的美与幸福。人类所创造的艺术与文明哺育我们成长，给予我们心灵上的慰藉。我们绝不应该目光短浅地画地为牢，而应该把眼光放得更远一些。上帝创造了世间万物，我们所看到的只是其中的一小部分。然而我相信上帝，相信我没有看到的那些事物，也许那些事物比我所看到的更加雄伟，更加壮观。所有的这一切都是上帝为我们准备的，等待着我们去认识、去了解。未来取决于我们所掌握的各种才能，取决于我们努力的程度，取决于我们的智慧、激情、希望、想象和理性。世俗的生活并不能限制我对精神和理想的追求，我们都希望堂堂正正地活着，而不是卑贱地苟且偷生。我不想只为了自己的家、果园、牧场和名画而生活，我希望过一种高尚的生活。

生命感悟

清晨，深呼一口气，闭了眼，感受心跳的频率。雨后，深吸一口气，闭眼，感受泥土的芬芳。

生命如此美好。还记不记得上次开怀大笑是什么时候？那种开心和幸福，相信至今一定还留在你的记忆深处。可是，为什么很久，没有再重温过？是不是为琐事羁绊了牵挂，因烦恼困扰了那些美好？

美好的事物，是用心经营和感受的结晶。而我们的感知，应该放在更多的美好之上，不要让琐碎里的杂质，玷污了我们发现美和感受美的心灵。

不死鸟

[台湾] 三 毛

一年多前，《爱书人》杂志给我出了一个题目"如果你只有三十天的寿命，你将会做些什么？"

我一直没有动笔。

荷西听我说起这件事情，也曾好奇地问过我："你会做些什么呢？"

当时，我正在揉面，我举起了沾着白粉的手，温和地摸摸他的头发，慢慢地说："傻子，我不会死的，因为还得给你做饺子呢！"

以后，我们又谈起这份欠着的稿子，我的答案仍是那么的简单而固执："我一样地守这个家，有责任的人是没有死亡的权利的。"

虽然预知死亡是我喜欢的一种生命结束的方式，可是我仍然不能死，在这个世界上有三个与我个人存亡紧紧相连的人，那便是我的父亲、母亲还有荷西。如果世界上有他们活着一日，我便不可以死，连神也不能将我取去，因为我不肯。

让我父母在渐入高年时失去爱女，那么他们一生的幸福和慰藉，会因为这一件事情完全崩溃，这样尖锐的打击不可以由他们来承受，那是过分残酷也过分不公平了。

要荷西半途折翼，失去他相依为命的爱妻，那么在他日后的心灵上会有什么样的伤痕，什么样的烙印？如果因我的消失而使得荷西的余生不再有一丝笑容，那么我便更不能死。

这些，又一些，因我的死亡而将使父母及丈夫所遭受到大的劫难。每想起来，便是不忍，不忍，不忍又不忍。

毕竟，先走的是比较幸福的，留下的并不是强者，可是想到这彻

第三章　珍惜生命——生与死的反思

心切肤的病痛，我仍是要说——为了爱的缘故，这永别的苦杯，还是留给我来喝下吧。

我愿意在父亲、母亲及荷西的生命圆环里，做最后离世的一个。如果我先去了，而将永远的哀伤留给世上的他们，那么是死不瞑目的，因为我的爱有多深，我的牵挂便有多长。

所以，我几乎没有选择地做了暂时的不死鸟，我的羽毛虽然因为荷西的先去，已经完全脱落，无力再飞，可是那颗碎掉的心，仍是父母的珍宝。再痛，再伤，他们也不肯我死去，我也不忍放弃他们啊。

总有那么一天，在金色的彼岸，会有六张爱的手臂张开了在迎我进入永生，那时，我方肯含笑狂奔而去了。

这份文字本是为着另一个题目写的，可是我拒绝了只有一月寿命的假想，生的艰难，尘世的苦，死别时一刹那的碎心又碎心，还是由我一个人来承担吧。

父亲、母亲、荷西、我的亲人，我爱你们胜于自己的生命，那么我便护着你们的幸福，不轻言消失吧！

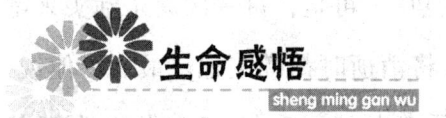

生命感悟

常常会在新闻上看到"某某自杀，双亲痛不欲生"的文字，配着大幅图片，无法不让人动容。有人觉得实在是过得很难很苦，所以才不得不做出了这个艰难抉择。然而，绝大多数情况下，那只是逃避的表现和懦弱的借口。因为，"有责任的人是没有死亡的权利的"。

先走的人，比较幸福，因为不用承担这份世间最痛的生离死别。留下的人，未必是强者，然而因为爱的深沉，一定会选择做最后的守望者。所以，做一个有责任的人，珍惜我们的生命。因为心中有爱的人，会做一只为爱牺牲的"不死鸟"。

生命的价值和意义

生命的五种恩赐

[美] 马克·吐温

一

在生命的黎明时分,一位仁慈的仙女带着她的篮子跑来,说:

"这些都是礼物。挑一样吧,把其余的留下。小心些,要做出明智的抉择哦!因为,这些礼物当中只有一样是宝贵的。"

礼物有五种:名望、爱情、财富、欢乐、死亡。少年人迫不及待地说:"无需考虑了。"他挑了欢乐。

他踏进社会,寻欢作乐,沉湎其中。可是,每一次欢乐到头来都是短暂、沮丧、虚妄的,它们在行将消逝时都嘲笑他。最后,他说:"这些年我都白过了。假如我能重新挑选,我一定会做出明智的抉择。"

二

仙女出现了,说:

"还剩四样礼物,再挑一次吧。哦,记住,光阴似箭。这些礼物当中只有一样是宝贵的。"

这个男人沉思良久,然后挑选了爱情。他没有觉察到仙女的眼里

第三章　珍惜生命——生与死的反思

涌出了泪花。

好多好多年以后，这个男人坐在一间空屋里守着一口棺材。他喃喃自忖道："她们一个个抛下我走了。如今，她——最亲密的，最后一个，躺在这儿了。一阵阵孤寂朝我袭来。为了那个滑头商人——爱情，卖给我的每小时欢娱，我付出了一个小时的悲伤。我从心底里诅咒它呀。"

三

"重新挑吧，"仙女道，"岁月无疑把你教聪明了。还剩三样礼物。记住，它们当中只有一样是有价值的，小心选择。"

这个男人沉吟良久，然后挑了名望。仙女叹了口气，扬长而去。

好些年过去后，仙女又回来了。她站在那个在暮色中独坐冥想的男人身后。她明白他的心思：

"我名扬全球，有口皆碑。对我来说，虽有一时之喜，但毕竟转瞬即逝！接踵而来的是忌妒、诽谤、中伤、嫉恨、迫害，然后便是嘲笑。一切的末了，则是怜悯。它是名望的葬礼。哦，出名的辛酸和悲伤啊！声名卓著时遭人唾骂，声名狼藉时受人轻蔑和怜悯。"

四

"再挑吧，"这是仙女的声音，"还剩两样礼物。别绝望，从一开始起，便只有一样东西是宝贵的。它还在这儿呢。"

"财富——即是权力！我真瞎了眼呀！"那个男人道，"现在，生命终于变得有价值了。我要挥金如土，大肆炫耀。那些惯于嘲笑和蔑视我的人将匍匐在我的脚前的污泥中。我要用他们的忌妒来喂饱我饥饿的心灵。我要享受一切奢华，一切快乐，以及精神上的一切陶醉和肉体上的一切满足。这个肉体人们都视为珍宝。我要买，买！一个庸碌的人间商场所能提供的人生种种虚荣享受。我已经失去了许多时间，在这之前，都做了糊涂的选择。那时我懵然无知，尽挑那些貌似最好的东西。"

短暂的三年过去了。一天，那个男人坐在一间简陋的顶楼里瑟瑟发抖。他憔悴、苍白、双眼凹陷、衣衫褴褛。他一边咬嚼一块干面包皮，一边嘀咕道：

"为了那种种卑劣的事端和镀金的谎言，我要诅咒人间的一切礼物，以及一切徒有虚名的东西！它们不是礼物，只是些暂借的东西罢了。欢乐、爱情、名望、财富，都只是些暂时的伪装。它们永恒的真相是——痛苦、悲伤、羞辱、贫穷。仙女说得对，她的礼物之中只有一样是宝贵的，只有一样是有价值的。现在我知道，这些东西跟那无价之宝相比是多么可怜卑贱啊！好珍贵、甜蜜、仁厚的礼物呀！沉浸在无梦的永久酣睡之中，折磨肉体的痛苦和咬啮心灵的羞辱、悲伤，便一了百了。给我吧！我倦了，我要安息。"

仙女来了，又带来了四样礼物，独缺死亡。她说：

"我把它给了一个母亲的爱儿——一个小孩子。他虽懵然无知，却信任我，求我代他挑选。你没要求我替你选择啊。"

"哦，我真惨啊！那么留给我的是什么呢？"

"你只配遭受垂垂暮年的反复无常的侮辱。"

第三章　珍惜生命——生与死的反思

生命感悟
sheng ming gan wu

其实，那个男孩没有选错仙女的礼物，因为我们都是凡夫俗子，透不过尘世诱惑的一切看到生命的本质。

能看破生死的，除了哲人，其他的已经去世。留下我们这些凡人，注定要经历名誉的孤独、金钱的无力，以及其他诱惑的考验，才能终成正果。

懂得死的人，更懂得生。因为他们是用尽全部热情的付出，来收获人间大爱的终结。

生命的价值和意义

热爱生命

[德] 卡尔·威特

亲爱的卡尔:

希望你已经从悲伤中解脱出来了。亲密好友的去世确实是令人悲痛的事,何况你还这样年轻就面临死亡。可这是我们每一个人都必须面对的啊。总有一天,我也会这样离开你,而你也会的,你也会在未来的某一天离开人世而去,没入永久的黑暗之中。

在这样的时候跟你讲这些是不是太冷酷了呢?毕竟你正处在丧友之痛中。可是,不要惧怕面对这个事实,我的儿子,任何时候也不要惧怕。

上个月,我参加了米拉尔波老爷爷的葬礼。因为你这样忧伤,我一直没告诉你这个消息,我想现在应该让你知道了。

记得吗?米拉尔波老爷爷很喜欢你,你也很喜欢他,小时候你经常央求我带你去他住的森林小屋里听故事。是的,米拉尔波老爷爷有一肚子的故事,他活了95岁,是洛赫村年龄最大的老人,他什么都见过,什么都经历过。

现在,我也经常带着孩子们去听故事。我们总是受欢迎的,他每次都衣着整洁地站在门口迎接。

在他去世的前半年,他身体状况急剧恶化,村里专门请了人去护理他。但他还是乐意给孩子们讲故事。他接受了身体每况愈下的现实,直到最后,安然地面对死亡。

我还从来没有见过谁如此平静、安详地面对死亡。真想让你也看

第三章　珍惜生命——生与死的反思

看，让你知道人在死亡面前应该保持怎样的尊严。

关于死亡，我想告诉你我自己的一些体会。

许多年前，我才 20 岁，在尼德姆小城身染重病。当时那里流传着一种可怕的流行病，城里已经死了很多人。死的人太多了，根本没有时间好好安葬，大家挖一个大坑，把尸体全堆到坑里埋了起来。

那情形可怕极了。而我自己也没能逃脱被传染，病得奄奄一息，我想我一定也要死了。

在一个清晨，我等待着死神的降临。想到我还这样年轻，生活还没有开始，我心里充满了悲伤，请求上帝快来拯救我。这时我看到日食开始了，太阳一点点被黑暗吞没。

当时大地立刻变得一片寂静，马群安静下来，牛群一动也不动，鸟儿们也停止了叫声。当太阳完全消失在月亮后面的时候，牛屈膝卧倒，小鸟把头埋到翅膀下，万物仿佛都为之慑服了。

世界没有一丝风，也没有一点儿声音，只有那幽灵一样的日冕给黑暗的世界投来一点儿微弱的光。太阳似乎已离我们而去，人世间只有黑暗。

然而就在那一刻，某种神奇的变化发生了：我不再畏惧死亡，不再请求上帝的拯救，因为我的灵魂已经得救了。

直到现在，我也不知道怎样形容我当时的感悟。这是别人难以理解的，该怎么说才会使你明白呢，我的儿子？我唯一能说的是我当时超脱了死亡，超脱了我们每个人都必须承受的黑暗。

我的儿子，不要惧怕死亡，但要珍惜生命，这就是我唯一能给你的忠告。

爱你的父亲

生命的价值和意义

生命感悟
sheng ming gan wu

清晨第一缕阳光的新意,傍晚夕阳西下的美丽,夏夜的一阵凉风,冬日的一轮暖阳……我们无时无刻,不在感受着这些自然赋予我们活着的意义。

没有爱的生活是一张苍白贫血的脸,生活再美他也感受不到一丝的温度。热爱不是一句口号,更不是一首诗。对自然的欣赏,对生命的敬仰,对世界的关注,对身边人的关怀,这,都是爱。所以,如果你想让生命美好,必须懂得美好生活,美好的生活的前提就是热爱,热爱那些出现在你生命,能温暖你的生命中的一切美好事物吧。

第三章 珍惜生命——生与死的反思

如果只能活半年

[美] 海伦·凯勒

我十九岁那年,母亲患上卵巢癌,不久于人世。那时我刚读完大学一年级,但既然母亲垂危,我身为家中五名子女的长女,便辍学回到在郊区的家里煮饭,照顾母亲。

那一年学到的东西实在不少。我在九月回家,母亲翌年一月去世。到了四月,我忽然醒觉自己还不至于一无所有:我仍活着,还真正享受呼吸的感觉。我看着水仙花和杜鹃花,心想,感谢上帝,活着多好啊。

我重回大学念书,看到周围那些视生命如包袱的小伙子,便知道自己彻头彻尾改变了,因为我觉得生命不折不扣是天赐的礼物。

有时候我会失去这种感觉。生活总有悲欢离合,人生也像潮汐起伏。这个时代视悲观为时髦。有些日子,一觉醒来,在报纸的头版可以看到我们实在低估了人类虐待、毁灭的能力。

我们虽是活在烦恼中,但能够和朋友谈心,建立亲密关系,以至看到周遭的种种美景,都令人欣喜。正因如此,一旦生命将逝,我们心中感触便格外强烈。我们只要细心想想,便知道人生是多么奇妙。我们知道,如果自己的生命只剩下六个月,便会双手牢牢抓住每一天,每一个小时。

令人啼笑皆非的是:人类善忘。今天我们比以前有更多时间去品尝生命,却总是忽略了包围我们的高科技产品和种种物质条件,都是我们的父辈以为有钱人家才可以享有的东西。

我们不但没有庆幸，反而只想到自己物质享受不够丰富。我们过度忙于工作，使养儿育女也成了沉重的负担。

坦白些说吧，我们享有的物质多得惊人。生命很美，因此我们应该让日子过得更好。我们如今享有那么多，如果不予回报，便是有所亏欠。

有些人对自己说：我不能为他人多付出一分钟，每天时间都不够用。这种话很容易出口。每当我这样想，便会记起我和母亲共度的那一天。她每星期有两天在家附近一个穷人施膳处工作。她除了赚钱养家，还有繁重的家务。我站在洗涤盆边看着她削甘笋皮，问她怎么会有时间做那么多事情。她抬头望望外面排队的人群，答道："我怎么会没有时间？"

问题并不是我们要不要这么做，而是非做不可。首先我们必须认清楚自己拥有多少。生命是神圣的。我说的不是什么了不起的理论，而是生命中所有的小事情：牵着自己孩子手的那种感觉，丈夫在灯下阅读的情景，还有你喜欢的零食、爱读的小说。生命是由许多短暂时刻交织而成的，如果那种美妙时刻不请自来，当然最好，但我们每天都如此繁忙，这种事是不会发生的，所以必须预留时间让这种时刻来临。

正因如此，我给大家出个考题：试着快快乐乐地过日子，试着欣赏人生与世间万物之美。同时，也给一些回报，因为你曾饱尝其中甘美。

什么小事都应该好好珍惜，不要让它淹没于浮生喧嚣中。如果不是这些小事给我们带来内心的满足感，人生成就不过尔尔。关杜琳·

第三章　珍惜生命——生与死的反思

布洛克斯写道：

　　珍惜生命每一刻，否则它会转瞬即逝。不管悲喜，它不会重现眼前。

　　有时候我们遗忘了生命的奇妙之感；有时候我们受过惨痛教训才又懂得珍惜，就像我的经历一样。母亲去世那一年，我才认识到生命的真义：生命是如此光辉灿烂，我们怎么可以不珍惜？

生命感悟 sheng ming gan wu

　　忽然，不由地想起海伦·凯勒的另一篇文字《假如给我三天光明》。同样的朴实，同样的动人。或许，真正打动人的，本来就唯有真实。"假如给我三天光明，我都觉得奢侈，因为这个世界有那么多的色彩，我怎能贪心想全部看完？"

　　假如只能活半年，我该用什么样的激情，去贪恋这个世界的温度？如果把生命浓缩，未必每段人生都是精华。回首往事的时候，我们总有那么多的感慨，那么多的遗憾，那么多还来不及做的事情和那么多无法再重温的过去。

　　如果让生命延伸，唯有珍惜，才能阅尽人间芳华。

生命的价值和意义

珍爱生命

周国平

一

生命是宇宙间的奇迹，它的来源神秘莫测。是进化的产物，还是上帝的创造，这并不重要，重要的是用你的心去感受这奇迹。于是，你便会懂得欣赏大自然中的生命现象，用它们的千姿百态丰富你的心胸。于是，你便会善待一切生命，从每一个素不相识的人，到一头羚羊、一只昆虫、一棵树，从心底里产生万物同源的亲近感。于是，你便会怀有一种敬畏之心，敬畏生命，也敬畏创造生命的造物主，不管人们把它称做神还是大自然。

二

生命是我们最珍爱的东西，它是我们所拥有的一切的前提，失去了它，我们就失去了一切。生命又是我们最容易忽略的东西，我们对于自己拥有它实在太习以为常了，而一切习惯了的东西都容易被我们忘记。因此，人们在道理上都知道生命的宝贵，实际上却常常做一些损害生命的事情，如抽烟、酗酒、纵欲、不讲卫生、超负荷工作，等等。因此，人们为虚名浮利而忙碌，却舍不得花时间来让生命本身感到愉快，来做一些实现生命本身的价值的事情。往往是当我们的生命

第三章　珍惜生命——生与死的反思

真正受到威胁的时候，我们才幡然醒悟，生命的不可替代的价值才凸现在我们的眼前。但是，有时候醒悟已经为时太晚，损失已经不可挽回。

三

"生命"是一个美丽的词，但它的美被琐碎的日常生活掩盖住了。我们活着，可是我们并不是时时对生命有所体验的。相反，这样的时候很少。大多数时候，我们倒像无生命的机器一样活着。

人们追求幸福，其实，还有什么时刻比那些对生命的体验最强烈最鲜明的时刻更幸福呢？当我感觉到自己的肢体和血管里布满了新鲜的、活跃的生命，我的确认为，此时此刻我是世上最幸福的人。

四

生命平静地流逝，没有声响，没有浪花，甚至连波纹也看不见，无声无息。我多么厌恶这平坦的河床，它吸收了所有感觉。突然，遇到了阻碍，礁岩突起，狂风大作，抛起万丈浪。我活着吗？是的，这时候我才觉得我活着。

五

生命害怕单调甚于害怕死亡，仅此就足以保证它不可战胜了。它为了逃避单调必须丰富自己，不在乎结局是否徒劳。

生命的价值和意义

六

文化是生命的花朵。离开生命本原，文化不过是人造花束，中西文化之争不过是绢花与塑料花之争。

七

每个人都只有一个人生，她是一个对我们从一而终的女子。我们不妨尽自己的力量引导她、充实她，但是，不管她最终成为什么样子，我们好歹得爱她。

生命感悟
sheng ming gan wu

"生命害怕单调，甚于害怕死亡。"所以已经注定了我们的生命追求不断的变化和永远的美好。所以，珍爱生命。

珍爱和你邂逅的每个陌生人的微笑，珍爱向你问候的每只鸟儿的啼鸣，珍爱让你顿悟瞬间的自然万物。

生命中的无数多姿多彩，一旦拥有一双善于发现的眼睛和长于感受的心灵，人生便会拥有大爱。所以，珍爱生命。

第四章

经营生命

让生命之树常青

当生命之花绽放的时候，也是它最美的时候。我们要在生命最美的时候，珍惜生命的每一天，好好地生活，好好地做人，让自己每天都充实，每天都活出别样的精彩。这就是我们给生命价值献上的最好礼物。

我们"怎么想"决定了会"怎么做","付出"了什么又决定了会"得到"什么。不同的想法和做法所带来的结果可能有天壤之别。所以,生命不该像一叶小舟随波逐流,而应当扯起思想的风帆,在人生的海洋里用心经营自己。

卡尔·威特被认为是19世纪德国著名的天才之一。他八九岁时,已经能够自由运用德语、法语、意大利语、拉丁语、英语和希腊语六国语言。并且通晓动物学、植物学、物理学、化学,尤其擅长数学。9岁时他进入了哥廷根大学;年仅14岁就被授予哲学博士学位;16岁获得法学博士学位,并被任命为柏林大学的法学教授;23岁他发表了《但丁的误解》一文,成为研究但丁的权威。与那些过早失去后劲的神童不同,卡尔·威特一生都在德国的著名大学里教学,在有口皆碑的赞扬声中一直讲到1883年逝世为止。然而,也许你还不知道,卡尔·威特并非天生是神童,他是从一个有些智弱的孩子成长为日后的天才的。

他的父亲说过:"只要上帝赐给我一个孩子,而且你们认为他不是白痴,那我就一定要把他培养成非凡的人。"所以在卡尔·威特出生以后,他的父亲就对他开始了全面的培养,开发他的智力、锻炼他的毅力、培养他的兴趣和品质,终于把他从一个普通的人培养成了一个非凡的人。

造物主是公平的,它赋予每个人以生命。但有些同学认为,上天是不公平的。因为他们觉得,自己比其他人笨,机遇总是降临不到自己头上,总之,在任何方面都不如别人。其实,我们每个人的生命都可以像卡尔·威特一样怒放,关键在于,你如何去经营它。

经营生命,可以说是比经营生意伟大得多的一项事业,因为它的

第四章 经营生命——让生命之树常青

目标远不止赚钱，而是包括了生活的艺术、审美素养和人格品质的修为，最终获得幸福和快乐。

我们所追求的活出生命的质量，需要一个重要的前提和认识，那就是把生命当作租赁。把生命当作租赁，就会珍惜身边的一切，包括时间、身体，以及亲情。因为是租赁，我们懂得每日三省吾身，好好锻炼、呵护自身，让眼前的每一分每一秒，发挥出应有的创造力；因为是租赁，我们淡看得失成败，安心享受活着的快乐；因为是租赁，我们懂得友谊第一、情义无价，用尊重和体贴去关注身边的人和事。

在这个前提和认识下，我们充满信心，努力开发自己的智力，锻炼自己的毅力，训练自己各方面的能力，充实自己，提高自己，生命之树一定会常青。

经营自己美好的人生吧！起码到了垂暮之年，我们不会捶胸顿足、呼天抢地："青春啊，回来！还我朝华！"

生命的价值和意义

生命的出口

林清玄

坐在窗边喝茶看报纸，读到一则消息：一个高中女生为情跳楼自尽，第二天，她的男友从桥上跳入河心，也自杀了。

这时候，一只小黄蜂从窗外飞了进来，在室内绕了两圈，再回到原来的窗户，竟然就飞不出去了。

可怜小黄蜂不知道世上竟有"玻璃"这种东西，明明看见屋外的山，却飞不出去，在玻璃窗上撞得"咚咚"作响。

忙了一阵子，眼看无路可走了，它停在玻璃上踱步，好像在思考一样，想了半天，小黄蜂突然飞起来，绕了一圈，从它闯进来的纱窗缝隙飞了出去，消失在空中。

小黄蜂的举动使我感到惊奇，原来黄蜂是会思考的，在无路可出之际，它会往后回旋，寻找出路。

对照起来，人的痴迷使我感到迷茫了。

对于陷入情感里的男女，是不是正像闯入一个房子的小黄蜂，等到要飞出时已找不到进入的路口？是不是隔在人与生活中的情感玻璃使我们陷入绝境呢？隔着玻璃看见的山水和没有玻璃相隔的山水是一样的，但为什么就走不出去呢？

在这样的绝境，为什么人不会像小黄蜂退回原来的位置，绕室一圈，来寻找生命的出口呢？

是不是人在情感上比小黄蜂还要冲动？

第四章 经营生命——让生命之树常青

是不是由于人的结构更细密，所以失去像小黄蜂那种单纯的思维？是不是一只小黄蜂也比人更珍惜生命呢？

对这一层一层涌起的问题，我也无力回答，我只知道人在深陷绝境时，更应该懂得静心，懂得冷静地思维。在生命找不到出路时，更要退后一步，观照全局。或者，就在静心与观照时，生命的出路就显现出来了。

昨日当我们年轻时，在情感挫折的时候，都会想了结生命，以解脱一切的苦痛与纠葛。

但是今日回观，并没有必死之理，那是因为情感的发展只是一个过程接一个过程，乃是因缘的幻灭，如果情爱受挫就要自尽，这世上的人类早就灭绝了。

何况，活着，或者死去，世界并不会有什么改变，情感也不会变得更深刻，反而失去再创造再发展的生机，岂不可惜复可怜？

正如一只山上飞来的黄蜂，如果刚刚撞玻璃而死，山林又有什么改变呢？现在它飞走了，整个山林都是它的，它可飞或者不飞，它可以跳舞或者不跳舞……它可以有生命的许多选择，它的每一个选择都会比死亡更生动而有趣呀！

第一次情感失败没有死的人，可能找到更深刻的情感。

第二次情感受挫没有死的人，可能找到更幸福的人生。

许多次在情感里困苦受难的人，如果有体验，一定会更触及灵性的深度。

我这样想着，但是，我并不谴责那些殉情的人，而是感到遗憾，他们自己斩断了一切幸福的可能。

我的心里有深深的祝福，祝福真有来生，可以了却他们的爱恋痴心。

可叹的是，幸福的可能是今生随时可以创造的，而来生，谁能知道呢？

生命感悟

为了一朵鲜花，放弃了整座花园；为了一片树叶，放弃了整个森林。人的生命中贵有倔强和坚持，只有这样生命才不会有半途而废。然而，倔强如果没有方向，只能说是在钻牛角尖，永远找不到出口。小黄蜂的聪明在于它懂得迂回，退一步便有海阔天空。那对殉情的情侣却太贪念感情，太沉溺于自己的感情世界，而忽略了身边还存在着一个更精彩的大世界。

诚然，感情当中的人常常会过分寄托和依赖自己的直觉，要不然怎么说世界上唯有情字最没有道理可言。可是这绝不是可以轻易自己结束感情的理由。他们选择了轻生，只因为心中还是不够宽敞，只容得下小爱，容不下人间大爱。

我们都需要为自己的生命找到出口，尤其在挫折和打击的时候更需如此。如果心中没有给自己开一扇窗，就会沉沦于黑暗，无法自拔。生命精彩而起伏跌宕，我们需要找到属于自己的出口。

第四章　经营生命——让生命之树常青

坚强地活着

张海迪

许多朋友都希望知道我在最困难的日子里是怎么过的。那时候，我真的不知道能活到今天，我那时并不懂得什么是活着，只知道活着是要呼吸的。可我知道什么是死——闭着眼睛，脸色苍白，躺在那里一动也不动，任凭自己的亲人怎样哭喊。死的情景是我在医院里看到的，我见过和我同住一个病房的孩子死了。那时我只有8岁，几乎不去想活着的事。但我已经朦朦胧胧地觉得活着不好：我要打针吃药，要做手术……这一切太可怕了。其实最可怕的还是孤独，还有夏天。家里没有电扇，妈妈上班前，让我倚着被子坐好。把一个盛满凉水的罐子放在我身旁，她说你要是热了就把手伸到水里。我守着一罐凉水过了一天又一天，每天都那么漫长，都让我不耐烦。我没有玩具，家里也没有收音机，只有一只马蹄表咔嗒咔嗒地走着，不慌又不忙。那就是我活着的声音。

我总是笑，苦笑。我没有什么可高兴的事，于是我就在父母面前装笑。我学会了忍耐，试着咬牙忍耐。因为书上说，人痛苦的时候都咬牙坚持。

我继续努力地活着，可是我的病情加重了。1976年12月22日，我做了第四次脊椎手术。此前医生对我的病情并不乐观，他们说了我会死去的几种可能：1.肺炎；2.泌尿系统感染；3.褥疮——这是脊髓损伤的病人最可能死去的症状。

149

生命的价值和意义

可我依然活着。我的生命力一次次粉碎了医生的预言。

很多年了，我总是给自己开处方，我知道怎么预防感染，我把自己收拾得很干净。条件再差也要洗头发洗澡，晒衣服晒被褥。所有我能够得着的地方都擦得一尘不染。我会给自己针灸、注射、按摩，给褥疮擦药。我想尽一切办法让自己好起来。

最重要的是，我学会了坚强。我像健康人一样穿着，虽然搬动双腿很费力，可我努力就能做到。我像健康女性一样打扮自己，整齐干净。指甲从来都是及时修剪。即使病在床上，也要挣扎着让自己整洁清爽。多年以后，我见到了山东省立二院神经外科主任张成伯伯，我童年时，他是我的主治医生。他说没想到我能活到现在，只是不停地说，乐观坚强是第一！

今天，我还是不断鼓励自己好好活着。我有快乐，也有烦恼，但是别人很少见到我烦恼的样子，我自己早就学会了排解。我让自己真诚地对别人微笑，不让自己因为病痛而变得古怪和叛逆。我从不这样想问题——为什么我有病而别人没有。病痛是我自己的事，我不能把这痛苦再转嫁到别人身上。其实谁也不知道会遇到什么麻烦或不幸，就好比出门遇到一座大山，你不能抱怨，只能想办法翻过去。面对困境抱怨是最无力的表现。我伤感但从不绝望，苦日子都挺过来了，好日子更要珍惜。我让自己豪爽直率，从不在乎别人怎样看我，但是我会检点或拷问自己，让自己正直正派大气。

我再也不孤独了，少女时代我就有了很多朋友。我喜欢很执著地做一件事，比如写长篇小说时，我会一连几个月不下楼。我也喜欢和朋友们在一起聊天，愿意请朋友们到家里来吃饭，在饭桌上，我和他们喝酒，黄酒白酒葡萄酒。我总是哈哈大笑，觉得活着真好。

第四章 经营生命——让生命之树常青

生命感悟
sheng ming gan wu

　　当我们抱怨生活枯燥乏味，抱怨每天无聊空虚，甚至有些人因为所谓承受不了生活重负选择轻生的时候，有这样一群人，他们有的从未看到过阳光的颜色，却说着"假如给我三天光明"，憧憬着这个世界美丽的色彩；他们有的从未听到过一个音符，却用心中的音符诠释出了慈悲大爱的"千手观音"；他们还有的因一场大病被夺去运动赋予一个健全人全部的活力，却用更深沉的笔端讲述了"我与地坛"的故事……

　　从海伦·凯勒到邰丽华，从史铁生到张海迪，是怎样的坚强造就了他们坎坷之后的人间大爱？面对这样的活着，那些身体健全却轻言放弃生命的人又该何等的汗颜？当我们遇到挫折委屈，当我们感到空虚郁闷时，不妨静下心来，听听海迪她说："活着真好。"

生命的价值和意义

找寻生命目标

[美] 罗杰·布朗

生命目标不是一种工作或职业

在我们进入正题以前，请先想清楚自己要的究竟是什么。首先，我们必须了解：自己绝对不是在找一份工作或是职业。如果一个人仅仅靠一份工作或是顺利的职业生涯，便足以实现自我，无疑是否认自己是个生来有所为、有意义的生命个体。

这种说法或许与一般人的认知不同。先暂时让我们想象一下：假设此时你的生活一切顺遂，而且有发挥能力的足够空间，工作或职业再也不是问题；就在此时，你要处理的是"自我"，是一种追寻，要追求一种能使生命圆满、包容过去、融通未来的自我表现方式。

你的存在必然有其意义

相信许多读者对于这样的观念并不陌生。要是你从未这样想过，现在也还不迟。不论你此刻是否为追寻自我而摸不清方向，或是你固执的"心"正努力想说服你成为它希望的样子，且把它们都搁在一旁，先将全部心力集中在"生命目标"的课题上。

可能你早已认为生命具有某种与生俱来的意义，一旦理清这个意义，你自然会毫不犹豫地实践它，为自己找到生命目标。在这百转千

第四章 经营生命——让生命之树常青

回的过程中,难免会犯错——错认自己只适合某种性质的事情,而多走了冤枉路。但这一次,请尽可能秉持客观的立场来观察自己,你可能会发现自己生命中的新大陆。

不论此时你如何评估自己,都先放松心情。相信你我都愿意从心底相信:意义与生命是相伴随的。只要你愿意花时间回顾以往,认真而深入思考,自然就会知道:你的存在绝非偶然。

积极地看待自己,即能发现积极的生活目标

积极生活的内涵是:不以现实的眼光苛责自己、轻视自己。如果总是认为自己一无是处,从来不敢接受别人的赞美与肯定,就该从现在起改掉这个坏习惯。

没有人喜欢一味苛责自己,谁都希望自己受到重视。然而,不断打击自我,却使人弹性疲乏;而且,过分严于律己,会使自己在不知不觉中苛待他人。

此时不稍放松自己,更待何时?试着将标准摆在合理的尺度上:无论做任何事,都要提醒自己:"我真不错,能把自己所有的贡献给世界。"多给自己一些同情与鼓励,必然有助于发掘自己的优点。

天有多高,你的价值就有多高

许多人之所以找不到生命目标,多半是因为小看了自己。有些人虽然找到了,却又畏缩地找借口骗自己:目标太过远大,超出能力范围。

说实在的,多给自己一些信心,是梦想也好,幻想也罢,又于己

何损呢？给自己一分钟，描绘理想中的自己对这个世界的贡献，还有你打算凭一己之力去成就的事情。

建立自信心的最大障碍，就是对自己的成见。当一个人钻入牛角尖，常会十分悲观，害怕得不到他人的了解与关爱，而相信自己是个胆小懦弱、没有出息的人；于是，现实的失望跟进："我注定是个窝囊废，不然，怎么会混到现在还是一事无成？"

建立自信心前，要让自己相信：世界因"我"的存在而变得更好。不论你是否能给予他人帮助，此时此地，你的存在确实已使世界有所不同。从这一刻起，抛开自己的无力感，信心十足，贡献自己的特长；积极参与，开展充满意义的新生活。

众里寻他千百度，那人却在灯火阑珊处

说来幸运，生命目标其实早存在于生活中。所以，我们现在所要寻找的并非是子虚乌有的幻想，而是在累积的生命路途上，早已不知不觉熟悉与了解的东西。

说得更明白些，找寻生命目标的过程，其实就是发掘自我、接受自我的过程。在评估现有和既往的一切时，你往往会惊讶地发觉：自己竟然忽略了许多宝贵的优点。如果一直相信只有特殊重要人物才会拥有生命目标，你就永远无法逃离凡夫俗子的命运。

不管过去的你怎么看自己，现在是必须改变的时候。了解自己独特、与众不同的一面，接受自己有待实践的生命目标。如此一来，你的生命目标可能会带给他人不同的启示。这一切无须外求，无关乎渊博的学识，或丰富的生活经验；要做到的仅仅是重视自己，并相信自己的生命与其他人同等伟大。

第四章　经营生命——让生命之树常青

生命目标是生命的轴心

重新找回自信心的人，会不时发现自己有愈来愈多值得欣赏的地方。在这同时，一股微妙的驱策力产生。

你会愈发欣赏自己，也会更希望表达自己，而且有被需要和被重视的感觉。如果你一直想找份合适的工作，交到知心的好友，过着不错的生活，是否曾经想过这股动力何在？在一切都得其所适之后，你便可以成为你理想中的人吗？

唯有真正认识自己，方能注意到生命中许多微妙的层面。每个人都可以选择做真正的自己，展现出最好的一面。每个人都一直努力肯定自己、接受他人，你可以回想过去成功时的高峰经验，你能够借此欣赏并肯定自己；而这种美好的感觉要如何再现呢？

有些人从不懂得肯定自己，有些人则将一切成就归诸于天时、地利、人和。然而，自信心发乎内，现于外——事实上，个人一生的许多作为都不外是为了肯定自我。信心乃由自己创造，至于如何借此肯定自己，就得靠自己的智慧去揣摩了。

高峰经验揭露生命目标

高峰经验可以让人明了到自己的长处，和生存的特殊价值。在这样的时刻，你能高度肯定自己，了解自己的存在举足轻重，进而获得一种满足感。高峰经验的确象征着不平凡的意义，但问题是，它们是如何产生的？那样美好的感觉该如何创造？以后还会有吗？

找到了生命目标，就好比是找到了开发自我潜能的工具，这是开发生命矿脉的关键。不论付出多少,只要能发挥自己的潜力,就让人体会到生命的意义和价值。为了登上生命的巅峰,何不大胆付出,尽情发挥?

生命目标自然而不做作

自然不做作是生命目标的特质之一。想想看朋友愿与你分享时,你如何自然地伸予援手?在哪一方面做得特别好?你是如何用最有效的方式来协助他们肯定自己的?

生命目标根植于生命深处

你是否已明白自己确有独特的天赋和能力,可以造福人群?事实上,别人之所以寻求你的协助,是因为他们知道你能帮助他们。

在我们与人交往,特别是帮助别人时,就是与人分享自己的生命目标。说得更明白些,我们的行为表现,诸如个人的学识、谈吐、风格,都挟带着生命目标,在他人心中留下印象,别人便透过这些来了解我们。

在人际的交往中,生命目标实在是自己给别人的一份好礼,而别人也以同等珍贵的礼物回报你,同时也让四周的人一起分享。

以下是一些常见的生命目标:

予人能力	激励他人	接受挑战	总合其成
直观洞察	乐于为友	唤醒他人	帮助他人
发挥能力	组织协调	折冲樽俎	妥善行事
指导他人	了解他人	辅导他人	创造发明

第四章　经营生命——让生命之树常青

与人分享	赋予活力	事业有成	支配他人
授权他人	乐为人师	安慰他人	解放他人
带动他人	游遍天下	追寻真理	支持他人
施予爱心	提升生命	参与活动	循线追踪
倾听心声	振聋发聩	凡事接受	设计构思

启示：若要寻找生命目标，须以新的角度看待自己。

生命感悟
sheng ming gan wu

面对自己的人生设想，有的人是只想不做，有的人是只做不想。只想不做的是空想家，只做不想的是蛮干家。空想固不可取，蛮干尤其显得可笑了。费大半天劲儿，搭上金钱和时间，最后可能还用错了地方。所以，目标很重要。

生命如果没有明确的目标，付出再多都可能是一场空。只有明确了中心，知道自己想要的究竟是什么，才能把全副力气和精神集中到一块儿，一举中的。

目标犹如头雁，整个雁队的迁徙都是围绕在它的周围。生命的目标是我们完成生命中各阶段课题的前提，只要找到它，我们的人生，便事半功倍。

石缝间的生命

林 希

生命的价值和意义

　　石缝间倔强的生命，常使我感动得潸然泪下。

　　是那不定的风把那无人采撷的种子撒落到海角天涯。当它们不能再找到泥土，它们便把最后一线生的希望寄托在这一线石缝里。尽管它们也能从阳光里分享到温暖，从雨水里得到湿润，而唯有那一切生命赖以生存的土壤却要自己去寻找。它们面对着的现实该是多么严峻。

　　于是，大自然出现了惊人的奇迹，不毛的石缝间丛生出倔强的生命。

　　或者只就是一簇一簇无名的野草，春绿秋黄，岁岁枯荣。它们没有条件生长宽阔的叶子，因为它们寻找不到足以使草叶变得肥厚的营养，它们有的只是三两片长长的细瘦的薄叶，那细微的叶脉告知你生存该是多么艰难；更有的，它们就在一簇一簇瘦叶下又自己生长出根须，只为了少向母体吮吸一点乳汁，便自去寻找那不易被觉察到的石缝。这就是生命。如果这是一种本能，那么它正说明生命的本能是多么尊贵，生命有权自认为辉煌壮丽，生机竟是这样不可扼制。

　　或者就是一团一团小小的山花，大多又都是那苦苦的蒲公英。它们的茎叶里涌动着苦味的乳白色的浆汁，它们的根须在春天被人们挖去作野菜。而石缝间的蒲公英，却远不似田野上的同宗生长得那样苗

158

第四章　经营生命——让生命之树常青

壮。它们因山风的凶狂而不能长成高高的躯干，它们因山石的贫瘠而不能拥有众多的叶片，它们的茎显得坚韧而苍老，它们的叶因枯萎而失去光泽；只有它们的根竟似那柔韧而又强固的筋条，似那柔中有刚的藤蔓，深埋在石缝间狭隘的间隙里；它们已经不能再去为人们作佐餐的鲜嫩的野菜，却默默地为攀登山路的人准备了一个可靠的抓手。生命就是这样被环境规定着，又被环境改变着，适者生存的规律尽管无情，但一切的适者都是战胜环境的强者，生命现象告诉你，生命就是拼搏。

　　如果石缝间只有这些小花小草，也许还只能引起人们的哀怜；而最为令人赞叹的，就在那石岩的缝隙间，还生长着参天的松柏，雄伟苍劲，巍峨挺拔。它们使高山有了灵气，使一切的生命在它们的面前显得苍白逊色。它们的躯干就是这样顽强地从石缝间生长出来，扭曲地、旋转地，每一寸树衣上都结着伤疤。向上，向上，向上是多么的艰难。每生长一寸都要经过几度寒暑，几度春秋。然而它们终于长成了高树，伸展开了繁茂的枝干，团簇着永不凋落的针叶。它们耸立在悬崖断壁上，耸立在高山峻岭的峰巅，只有那盘结在石崖上的树根在无声地向你述说，它们的生长是一次多么艰苦的拼搏。那粗如巨蟒，细如草蛇的树根，盘根错节，从一个石缝间扎进去，又从另一个石缝间钻出来，于是沿着无情的青石，它们延伸过去，像犀利的鹰爪抓住了它栖身的岩石。有时，一株松柏，它的根须竟要爬满半壁山崖，似把累累的山石用一根粗粗的缆绳紧紧地缚住，由此，它们才能迎击狂风暴雨的侵袭，它们才终于在不属于自己的生存空间为自己占有了一片天地。

生命的价值和意义

如果一切的生命都不屑于去石缝间寻求立足的天地，那么，世界上就会有一大片一大片的地方成为永远的死寂，飞鸟无处栖身，一切花草树木赖以生存的生命就要绝迹，那里便会沦为永无开化之日的永远的黑暗。如果一切的生命，都只贪恋于黑黝黝的沃土，它们又如何完备自己驾驭环境的能力，又如何使自己在一代一代的繁衍中变得愈加坚强呢？世界就是如此奇妙。试想，那石缝间的野草，一旦将它们的草籽撒落到肥沃的大地上，它们一定会比未经过风雨考验的娇嫩的种子具有更为旺盛的生机，长得更显繁茂。试想，那石缝间的蒲公英，一旦它们的种子，撑着团团的絮伞，随风飘向湿润的乡野，它们一定会比其他的花卉生长得茁壮，更能经暑耐寒。至于那顽强的松柏，它本来就是生命的崇高体现，是毅力和意志最完美的象征，它给一切的生命以鼓舞，以榜样。

愿一切生命不致因飘落在石缝间而凄凄艾艾。愿一切生命都敢于去寻求最艰苦的环境。生命正是要在最困厄的境遇中发现自己、认识自己，从而才能锤炼自己、成长自己，直到最后完成自己、升华自己。

石缝间顽强的生命，它既是生物学的，又是哲学的，是生物学和哲学的统一。它又是美学的，作为一种美学现象，它展现给你的不仅是装点荒山枯岭的层层葱绿，它更向你揭示出美的、壮丽的心灵世界。

石缝间顽强的生命，它是具有如此震慑人们心灵的情感力量，它使我们赖以生存的这个星球变得神奇辉煌。

第四章 经营生命——让生命之树常青

生命感悟
sheng ming gan wu

我们总是习惯仰望挺拔向蓝天的大树，常常会忽略掉脚下石缝间的小草。我们都羡慕参天的身影，耸入云霄。其实脚下的生命，也挺拔坚韧。

是什么样的勇气毅力，才能让它们不屈不挠，直到掀翻比自己重十几倍，甚至几十倍的岩石探出新绿？又是什么样的气魄和决心，才让它们在没有泥土滋润，没有蜂蝶环绕的寂寞中，仍然从石缝间探出茁壮的枝干？人不能选择自己的出生，但可以选择怎样成长。我们有适应环境的本能，只是程度不同。

石缝间的启示，又何尝不是我们生命的启迪？

生命的邮件

白岩松

儿子饱餐一顿后，安静地睡着了，那种照看新生儿的奇妙感受充满我心。我知道，在我们彼此的生命历程中将相互温暖与扶持。

做了父亲，我不该两手空空迎接他的到来，但孩子那稚嫩的小手还举不起任何可称为礼物的东西，那就让我将祝愿当成礼物，投入生命的信箱，来一个慢件邮递。当他长大的时候，再好奇地拆封吧。

学会宽容

如果所有的美德可以自选，孩子，你就先把宽容挑出来吧。

也许平和与安静会很昂贵，不过，拥有宽容，你就可以奢侈地消费它们。宽容能松弛别人，也能抚慰自己，它会让你把爱放在首位，万不得已才动用恨的武器；宽容会使你随和，让你把一些人很看重的事情看得很轻；宽容还会使你不至于失眠，再大的不快，再激烈的冲突，都不会在宽容的心灵里过夜。于是，每个清晨，你都会在希望中醒来。

一旦你拥有宽容的美德，你将一生收获笑容。

不争第一

人生不是竞技，不必把撞线当成最大的光荣。

第四章 经营生命——让生命之树常青

当了第一的人也许是脆弱的，众人之上的滋味尝尽，如再有下落，感受的可能就是悲凉。于是，就将永远向前。可在生命的每个阶段，第一的诱惑总在眼前，于是生命会变成劳役。

站在第一位置的人不一定是胜者，每一次第一总是一时的风光，却赌不来一世的顺畅。争第一的人，眼睛总是盯着对手，为了得到第一，也许很多不善良的手段都会派上用场。也许，每一个战役，你都赢了，但夜深人静，一个又一个伤口，会让自己触目惊心。何必把争来的第一当成生命的奖杯！我们每一个人，只不过是和自己赛跑的人，在那条长长的人生路上，追求更好强过追求最好。

爱上音乐

在我们的身边，什么都会背叛，可音乐不会。哪怕全世界所有的人都背过身去，音乐依然会和我窃窃私语。我曾问过一个哲人，为什么今天的人们还是需要一两百年前的音乐抚慰？哲人答，人性进化得很慢很慢。

于是我知道，无论你向前走多远，那些久远的音符还是会和你的心灵很近。生命之路并不顺畅，坎坷和不快都会出现在你的眼前，但爱上音乐，我便放心。

在你成长的时代，信息的高速发展将使人们的头脑中独自冥想的空间越来越小。然而，走进音乐的世界里，你会在和音乐的对话中学会独立，学会用自己的感受去激活生命。

每当想到，今日在我脑海里回旋的那些乐章，也会在未来与你相伴，我就喜悦，为一种生命与心灵的接力。

生命的价值和意义

还有……

其实还有，比如说，来点儿幽默、健康，有很多真正的朋友……但我想，生命之路自己走过，再多的祝愿都是耳后的叮咛，该有的终将会有，该失去的也终会失去。然而孩子，在父母的目光里，你的每一步都将是我们生命里最好的回忆。

很久很久以后，也许你会为你未来的孩子写下祝愿的话语，只是不知，是否和我今日写下的相似？

生命中，最重要的是心灵路程，所以它和朝代的更迭无关。孩子，当将来你拆开这封今日寄出的邮件时，我还是希望，你能喜悦并接受。

生命感悟
sheng ming gan wu

现在有一种"爱的游戏"在年轻父母中悄然流行，就是孩子尚在襁褓中，父母已经开始写宝宝日记，记录宝宝成长的点点滴滴。有的父母甚至把这个游戏坚持几年、十几年，然后在成人礼上送给自己的孩子。

相信这份礼物弥足珍贵。是的，人之初的教育，父母担起责任义无反顾。想要孩子拥有诸多美德，例如宽容；也想让孩子实现自己的美好祝愿，譬如幸福。

其实每位父母都有一封发给孩子的邮件，只是不同的父母发送的方式不同，只是不同的孩子完全理解它需要很多年以后。但这封生命的邮件，核心主题永远只有一个，那就是，爱。

第四章　经营生命——让生命之树常青

生命中的最后一天

[美] 奥格·曼迪诺

假如今天是我生命中的最后一天。

我要如何利用这最后、最宝贵的一天呢？首先，我要把一天的时间珍藏好，不让一分一秒的时间无端浪费。我不为昨日的不幸叹息，过去的已够不幸，不要再赔上今日的时光。

时光会倒流吗？太阳会西升东落吗？我可以纠正昨天的错误吗？我能抚平昨日的创伤吗？我能比昨天年轻吗？一句出口的恶言，一记挥出的拳头，一切造成的伤痛，能收回吗？

不能！过去的永远过去了，我不再去想它。

假如今天是我生命中的最后一天。

我该怎么办？忘记昨天，也不要痴想明天。想着明天的种种，今天的时光也将白白流逝了。明天是一个未知数，为什么要把今天的精力浪费在未知的事情上？

企盼今早的太阳再次升起，太阳已经落山。走在今天的路上，能做明天的事吗？我能把明天的金币放进今天的钱袋里吗？

明日瓜熟，今日能蒂落吗？明天的死亡能将今天的欢乐蒙上阴影吗？我何必担心未知的东西呢？明天和昨天一样被我埋葬。我不再想它，今天是我生命中的最后一天。

这是我仅有的一天，是现实的永恒。我像被赦免死刑的囚犯，用喜悦的泪水拥抱新生的太阳。我举起双手，感谢这无与伦比的一天。

生命的价值和意义

当我想到昨天和我一起迎接日出的朋友，今天已不复存在时，我为自己今天的幸存而感激上苍。我是无比幸运的人，今天的时光是额外的奖赏。

许多强者都先我而去，为什么我得到这额外的一天？是不是因为他们已大功告成，而我尚在途中跋涉？如果这样，这是不是成就我的一次机会，让我功德圆满？造物主的安排是否别具匠心？今天是不是我超越他人的时机？

假如今天是我生命中的最后一天。

生命只有一次，而人生也不过是时间的累积。我若让今天的时光白白流逝，就等于毁掉人生最后一页。因此，我珍惜今天的一分一秒，因为它们将一去不复返。我无法把今天的时间存入银行，明天再来取用。时间像风一样不可捕捉。每一分一秒，我要用双手捧住，用爱心抚摸，因为它们如此宝贵。垂死的人用毕生的钱财都无法换得一口生气。时间无法计算价值，它们是无价之宝！

假如今天是我生命中的最后一天。

我憎恨那些浪费时间的行为。我要摧毁拖延的坏习惯。我要以真诚埋葬怀疑，用信心驱赶恐惧。我不听闲话、不游手好闲，不与不务正业的人来往。我终于醒悟到，若是懒惰，无异于从我所爱之人手中窃取食物和衣裳。我不是贼，我有爱心，今天是我最后的机会，我要证明我的爱心和伟大。

假如今天是我生命中的最后一天。

今日事今日毕。今天我要趁孩子还小的时候，多加爱护，明天他们将离我而去，我也会离开。今天我要深情地拥抱我的妻子，给她甜蜜的热吻，明天她会离去，我也是。今天我要帮助落难的朋友，明天

第四章 经营生命——让生命之树常青

他不再求援，我也听不到他的哀求。我要乐于奉献，因为明天我无法给予，也没有人来领受了。

假如今天是我生命中的最后一天。

如果这是我的末日，那么它就是不朽的纪念日，我把它当成最美好的日子。我要把每分每秒都化为甘露，一口一口，细细品尝，而且满怀感激。我要每一分钟都有价值。我要加倍努力，直到精疲力竭。即使这样，我还要继续努力。我要拜访更多的顾客，销售更多的货物，赚取更多的财富。今天的每一分钟都胜过昨天的每一小时，最后的也是最好的。

假如今天是我生命中的最后一天。

如果不是的话，我要跪倒在造物主面前，深深致谢。

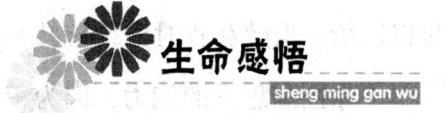

生命感悟

生命对每个人来说都只有一次。想象一下，在这仅有一次生命的最后一天，我们应该抱以什么样的心态度过呢？如果你平时终日饱食无忧，慵慵懒懒，把这天当做自己的末日，只求忏悔，请你心中的神原谅你没有尽享生命带给你的丰富，请他原谅你这些也是你生命中的一部分。如果你是一个一直懂得享受生命的人，请将这一天当做你生命中的任何一天来过，生命需要我们来掌控，懂得经营的人才能得到生命最后终了时的乐趣。

不管你是什么样的人，在这最后一天，不要忘记向你身边的人表达最真诚的谢意，谢谢他们往来于你的生命，让你的人生色彩斑斓。

生命的价值和意义

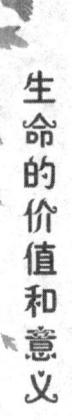

生命的热忱

[美] 拿破仑·希尔

热忱和积极的心态以及你成功过程之间的关系,就好像汽油和汽车引擎之间的关系一样的热忱,是行动的动力。

你可运用积极的心态来控制你的思想,同样,你也可以运用积极的心态来控制你的热忱,以使它能不断地注入你心灵引擎的气缸中,并在气缸内被明确目标发出的火花点燃且爆炸,继而推动信心和个人进取心的活塞。

热忱是一股力量,它和信心一起将逆境、失败和暂时的挫折转变成为行动。然而,这一变化的关键,在于你控制思维的能力,因为稍有不慎,你的思维就会从积极转变成消极。借着控制热忱,你可以将任何消极表现和经验转变成积极的表现和经验。

热忱对你潜意识的激励程度和积极心态的激励程度是一样的。当你的意识中充满热忱时,你的潜意识也同时烙上一个印象,那么你的强烈欲望和为达到欲望所拟订的计划是坚定不移的;当你对热忱的认识变得模糊不清,你的潜意识中仍然留存着对成功的丰富想象,并会再次点燃残存在意识中的热忱火花。

没有热忱的人,就好像没有发条的手表一样缺乏动力。一位神学教授说:"成功、效率和能力的一项绝对必要条件就是热忱。"热忱这

第四章　经营生命——让生命之树常青

个词源于希腊文,是"神在你心中"的意思,一个缺乏热忱的人别想赢得任何胜利。

为了使你对目标产生热忱,你应该每天都将思想集中在这个目标上,如此日复一日,你就会对目标产生高度的热忱,并愿意为它奉献。詹姆士说:"情绪未必会受理性的控制,但是必然会受到行动的控制。"积极的心态和积极的行动可升高热忱的程度,你必须为你的热忱制定一个值得追求的目标,一旦你将你的热忱导向成功的方向,它便会使你朝着目标前进。

真正的热忱是发自内心的热忱,发掘热忱就好像是从井中取水一样,你必须操作抽水机才能使水流出来,接着水便不断地自动流出。你可以对于你所知道或所做的任何事情付出热忱,它是积极心态的一种象征,会自然地从思想、感情和情绪中发展出来,但更重要的是你可以随心所欲地从内心唤起热忱。

热忱的力量真的很大!当这股力量被释放出来支持明确目标,并不断用信心补充它的能量时,它便会形成一股不可抗拒的力量,并足以克服一切贫穷和不如意,你可以将这股力量传给任何需要它的人。这恐怕是你能够动用热忱所做的伟大工作了,激发他人的想象力,激励他们的创造力,帮助他们和无穷的智慧发生联系。

生命的价值和意义

生命感悟
sheng ming gan wu

拿破仑·希尔著《成功学》，成为当年全球畅销书励志系列榜首。当人们问起他成功的秘诀时，他只说了两个字：热忱。

是的，热忱。当你对园艺产生热忱，你便会为它的芬芳而精心照料；当你对一种乐器产生热忱，你便会为一个音符的高低左思右量；当你对文字产生热忱，你便会因一个字左右推敲。有了热忱，生命中的一切微不足道的事情便有了激情。

做一个热忱的人吧，拥有热忱的人，才会懂得生命的可贵，生活也会充满温情。

第四章 经营生命——让生命之树常青

孩子,你还不够成熟

[台湾] 三 毛

陈姐姐你好:

我是个高中女生,心中有很多不满,好几次想去了断自己(自杀)。但每次反过来想,我有去死的勇气,那何不好好地活下去,如果就这么死去,人生不是白走一遭吗?所以想通以后,"死"离我便是很遥远了。过去我曾经投书到"学生辅导中心"及"张老师信箱",但我发觉他们都无法帮我解决困难。为什么我说我有很多不满?不是没根据的。就拿家庭来说吧,母亲是个很迷信且重男轻女的家庭主妇。她要我回家后帮忙做家务事,这虽是应该做的,但她不为我想一想,我是个高中学生,功课越来越重,回家后的自习时间都被占了,以后怎么上考场?我时常同她谈起,但她无法和我沟通,她根本不了解现在的孩子。我无法充分地念书,我的前途不能就这样葬送掉,所以我不满。

朋友方面,以前我有很多要好的朋友,现在可是一个也没有,孔子说得很对:"唯小人与女子难养也。"认识愈深就愈失望,我觉得对她们越好,相反的她们也越看不起我;以前大家总是说说笑笑的,可是现在连见了面都不打招呼,而且还被同学耍了好几次。现在我对朋友完全失去信心,虽然心有不甘,我又能如何呢?

生命的价值和意义

当然这只是我不满之一二罢了，虽说家丑不可外扬，但我执著一意念，我要好好地活下去，所以我将它说出来。

孩子：

在你的来信中，我好似看见自己过去的影子，心里感触很深。

我也曾经有过这样的少年时期，觉得全世界的人都不了解我，包括父母手足在内都不能沟通，至于朋友，那根本是不存在的。

许多年过去了，回想自己一生的悲喜剧，大半是个性所造成的，怨不得天，尤不得人。

很多事情，只因我固执于只从"以自己为本位"的角度去观察，以为那是唯一的真理和途径，结果不但活得不好，对他人也没有什么真正的付出。

孩子，你目前看见的只是不公平，看见的只是朋友们不理睬你，看见的，很坦白地说——只是你自己。眼中并没有别人的任何理由。

在你目前的年龄，这是被允许的，只要你不太钻牛角尖，更不可以有自杀的念头。

可是，如果在以后成长的岁月里，你的眼光仍是如此，那么我肯定你将会得到一个并不快乐也没有太多意义的人生，而且不很容易在社会上与人和谐而友爱地相处——这都是你的个性造成的。当然，这和体质也有关联，你身体健康吗？

我以为，母亲要求你做家事，也是应该的，因为你也是家中的一分子。甚而，她不要求你，你都该态度和悦地主动替她分担。母亲不是虐待你，只因她不了解，在升学的竞争和压力下，一个学生念书的

第四章 经营生命——让生命之树常青

时间非常紧凑,如果分担了家事而丧失了读书的分分秒秒,对一个求好心切的好孩子来说,也是苦痛的。

这种事情,想来你与母亲之间交换过意见而没有结果,才会写信给我。

我的看法是,如果家务不是太重太重,你可以想出一种快速处理的方法。手脚快,做事有条理,有安排,两件家事一同做(例如烧开水的同时,便去洗衣;洗衣的同时,浸泡其他的衣物;晒衣服时,一方面煮饭。只要警觉性高些,不要做了这忘了那,可以利用技术管理而发挥快速的效果)。

母亲的教育程度和你不同,在价值观上自然也有距离,可是父母供你念到高中,就是他们的伟大。我看到你所说的母亲,心中很受感动,她不懂念书有什么用,她仍给你念,你有没有想过这一点?

你说母亲不为你想一想,对不起,请问你为她又想过了多少?

你的前途不会因为做家事分占了念书而送掉的。学问之道,是人格的建立、生命的领悟、凡事广涵的体认——而不是做一架"念书机器"。如果你以为,你死啃书本,考上大学,就是前途的代名词,那仍是虚空而幼稚的,因为你没能了解,书本只是工具而已,念了一大堆书,仍不懂做人,那个书,就是白读了。

写到这儿,再看你的来信,你的信中,"不满"都有理由,"不甘心"也很有理由地写出来。

三张信纸,出现了三次"不满",而且说——这只是不满之一二而已。我真不知,人生这么多的不满又是为了什么?这么多的"不甘心"又是为了什么？孩子，你很自私，对不起，恕我直言。不要因为这句话难过。小时候的我，也是这样的。

在这种心态下，你求教于"辅导中心"、"张老师"，现在来找我，其实都不是诚心地要求我们帮助你，而是将我们当做发泄的对象而已。

你不合作，不改变自己的观念，不肯看见他人的优点，我们又怎能解决你的困难？

你的朋友，在你眼中，全是一批对不起你的家伙，我绝不赞成你说的话：你对她们越好，她们越看不起你。

人，都是以心换心的，起码70%是如此。请你对人类要有信心，不要因为一些小事，而不肯原谅他人。试试看，再试一次，试着不要太计算，试着以德报怨，好不好？

你的来信中，最可贵的一句话，就是——我要好好地活下去。

好好地活下去，快乐是第一要素，胸襟是基础；体谅他人，是有学问的另一种解释。如果培养这种观念，人生是可以好好过下去的。

孩子，也许，你看了这封信，心里不但失望而且气愤，也可能对我，更有不满。可是我的良知不允许我写下同意你观点的话——那叫迎合。迎合你，可以使你视我为天下唯一的知己，而对你的人生，我却没有尽到劝告和开解的作用，那就不对了。我不能欺骗自己，更不能欺骗你。

这封回信，你可能看了就撕掉，如果你不接受。但是起码你必须看完一遍才会撕掉，必有一些东西留在你心里，撕也撕不掉，对不对？

好孩子，在你没有改变的时候，请不要再来信，当你有了一点点

第四章 经营生命——让生命之树常青

不同的观人观事的态度时，我们再通信好吗？

谢谢你这么信任我，对我写下了真诚的话，我很感谢你，真的。祝你好好地活下去。

每天，看一下天空，看看那广大的天空，好吗？

三毛　上

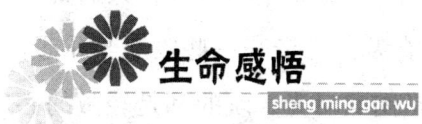

生命感悟
sheng ming gan wu

我们总会因生活中的琐事让自己陷入烦忧，也会为一些人的闲言碎语让自己愤懑不堪，青春中的美好最容易在当时被忽略，回首想重拾时却已经不再。

孩子，你还不够成熟，不然为什么还把亲人的规劝当做敌意？孩子，你还不够成熟，不然为什么让自己最美的年华陷入这么多的无意义？有多少时间，我们能为自己犯下的错坦然面对，勇敢承担，而不是怨天尤人？又有多少时间，我们会在利益的第一时间，想到的是别人，而不是自己？其实，不成熟的，何止只是孩子。

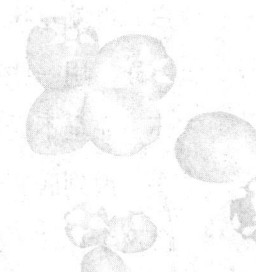

生命的价值和意义

把生命当做租赁

蒋 平

忽然想起身边的两大乐子：炒股与钓鱼。8小时以外，人们都习惯找些事干：找的这些事情，基本都能为自己带来一些收获与乐趣。再者呢，就是玩得起，它们消耗的都是闲暇时光，玩的都是轻微的心跳，使人生不流于形式。

钟情钓鱼，主要是看中它的低成本，以这种成本换回好心情，可谓一本万利，此外还能调整心态、振奋情绪、锻炼身体；炒股呢，也有它的特点，虽然付出的代价多一点儿，但其间天上掉馅饼的惊喜，阴阳两重天的无奈，刺激着麻木的神经，为平淡的生活充值增彩。

一篇写钓鱼的文章曾如是比喻钓竿："沉下去的是希望，钓上来的是梦想。"现在想来，若用这种垂钓心态来炒股，就显得特别受用。现实生活中，炒股虽然逗乐，但容易过火。被套牢的股民如一位输红眼的赌徒，为了捞回成本，不惜搭进去全部家底，甚至破釜沉舟走极端，进而心态失衡，炒出了家庭悲剧；另一方面，平民百姓无力做大户，也就意味着股市的绝大部分风险与自己如影相随。但如果像钓鱼一样，用一些有限的、额外的资产进行自由炒作，失之坦然，得之开怀，完全不受情绪左右，如此，炒股也便有了钓鱼般的享受。

说到底，炒股也好，钓鱼也罢，包括其他各行各业，都是基于生命这个母体。生命本是零成本地来，零成本地走，犹如自然界的某种租赁，只不过这种租赁有好有坏，有长有短，有喜有悲而已。我们所

第四章　经营生命——让生命之树常青

追求的活出生命的质量，需要一个重要的前提和认识，那就是把生命当做租赁。

把生命当做租赁，就会珍惜身边的一切，包括时间、包括身体、包括亲情。爱岗敬业、持家爱人，就会显得有条不紊、从容不迫、游刃有余。《涅槃经》说："人命之不息，过于山水。今日虽存而明日难知。"因为是租赁，我们懂得每日三省吾身，好好锻炼、呵护自身，让眼前的每一分每一秒，发挥出应有的创造力；因为是租赁，我们淡看得失成败，安心享受活着的快乐，把握时代的变迁，提升生存的价值；因为是租赁，我们懂得友谊第一、情义无价，用尊重和体贴，去关注身边的人和事，去化解人与人之间的隔阂，去共同谱写社会和谐的新曲。

把生命当做租赁，就有了危机与压力。自然界这个大庄家，对享有生存权的任何生命都会一视同仁。站到租赁这样的高度，去审视万事万物，谁在只争朝夕，谁在浪费机会，便会一目了然；人间的恩恩怨怨、是是非非，则会如过眼云烟；前行的道路上，如何去粗取精、去伪存真，在有限的时间内将各种有价值的因素调节到位，科学经营，活出生命的艺术，更会胸有成竹。

把生命当做租赁，就会处处按规则办事。无规矩，不成方圆，生命更是如此。时刻牢记生命只有一次，百年大计，健康第一，人生便会减少许多差错。古罗马诗人贺拉斯说过："每天都想象这是你最后的一天，你不盼望的明天将越显得可欢恋。"时刻以轻松的心态展现，视每一出游戏为一种过程，这个过程只是享受生命的一种手段，其本质是收获快乐。怀有这样的心态，无论怎么玩，你都会成为真正的、最后的赢家。

生命感悟

生命的价值和意义

从朋友处借来的书，总会很快看完，很快归还。但自己买的书，却被搁浅在暑假，日复一日地招尘惹埃。我们总是对借来或租来的东西紧张万分，充分利用，只因为知道它们不属于自己，随时会被调走。

如若把生命当做租赁，会不会就少些挑剔和抱怨，只想做好眼前？如若把生命当做租赁，会不会就更加坦然和珍惜，把握住每一分钟的宝贵？每天都想象这是自己的最后一天，珍惜了的今天变得充实有意义，而不盼望的明天往往会带来一种惊喜。

第四章　经营生命——让生命之树常青

期许生命高飞

[美] 鲍　森

　　小孩子都有梦想，因为他们的生命的前方正是一片无限的宽广。父母亲总爱告诉孩子：长大以后，你想做什么就可以做什么。于是，在他们小小的心灵中种下了大梦，憧憬着未来，自己能做命运的舵手，驶向无垠大海。唯一的考验是时间，因为时间将慢慢让他们认识现实世界——也是他们梦所在的地方。

　　长大了，人仍然可以有梦，而且不再需要孩童时期丰富的想象力。现在，实现愿望的关键完全在于自己。想想自己小时候许下的愿望，现在是否真的实现了？

　　说来令人难以相信，但的确有许多人早已忘怀自己当年对生命的期许。尽管我们可以把责任归咎于环境或其他人，可是关键还在自己身上。当然，一切都还不迟。

　　不论何时开始计划生命，都为时不晚。未雨绸缪不但没有损失，反而使人获益良多。你必须让思想尽情展翅翱翔，去发现生活的目标，拓展心灵的自我意念。同时，还要走出眼前生活的疆界，突破固有的成见。

　　让我们先从思想开始。现在，想象自己的过去是一张白纸，现在你的心中没有任何埋怨与不满，生活一切顺利平稳。你已得到想要的一切，想做什么也都可以随心所欲。请接着再想想，如果你希望自己的生命有意义，会对自己持怎样的期许？又希望做些什么事？

生命的价值和意义

何其幸运，每个人的生命都是伟大的，只是我们常忽略这一点，也没有好好珍惜曾经付出的心血。还记得初恋时的刻骨铭心吗？如果以同样的热切投注在自己的生活上，又会产生什么样的效果？何不试着把那种感觉找回来？找到真正的自己后，请更加看重自己。

如果你认为人来到世上是有所为的，那就更应该重视自己的生命。没有人生来就轻视自己的，不是吗？如果你缺乏成就感，就该赶紧想办法拓展自己的思考范围。只有重视自己，生命才会显出它的价值。

这样一来，你自然能了解：你从未失去什么。你可以重拾自信，开创全新的人生。只要你愿意切实掌握每一分钟，今天便是重生的起跑点，每分每秒都可以不断充实生命。

朋友，时间正在一点一滴地流逝，你心里正在想些什么？

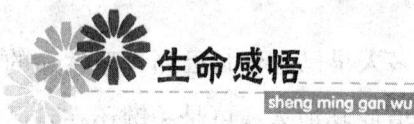

生命感悟
sheng ming gan wu

曾几何时，我们都有壮志雄心，鹰和蜗牛都能登上金字塔，但又有谁真的愿意去做一只渺小的蜗牛。我们一直向往鹰的犀利，哪怕有高处不胜寒的孤单。只不过，一日的高飞需要无数日的练习，一时的风光是背后无数次不为人知的付出。所以最后坚持登上金字塔的鹰才会那样稀少。

即使辽远，即使寂寞，但生命有它的深度。是骏马奔驰在广阔的草原，是雄鹰展翅在辽远的天空。所以，我们期许高飞。

第四章　经营生命——让生命之树常青

生命与创造

[法] 罗曼·罗兰

生命若是一张弓，那梦想就是弓弦。但，箭手在哪里呢？

我见过一些俊美的弓，用坚韧的木料制成，表面光滑没有一丝节痕，谐和秀逸如神之眉，但却没什么用途。

我见过一些行将震颤的弦线，仿佛从动荡的内脏中抽出的肠线，在静寂中战栗着。它们绷紧着，即将奏鸣了……它们将射出银矢——那音符——在空气的湖面上拂起涟漪，可是它们在等待什么？终于松弛了。于是，永远没有人听到那串美妙的音符了。

震颤沉寂，箭枝纷散；箭手何时来捻弓呢？

他很早就来把弓搭在我的梦想上。我几乎记不起我何时曾躲过他，只有神知道我怎样地梦想！我的一生是一个梦，我梦着我的爱、我的行动和我的思想。当我晚上无眠时，当我白天幻想时，我心灵中的谢海莱莎特就解开了纺纱竿。他在急于讲故事时，他梦想的线索被搅乱了，我的弓跌到了纺纱竿一面，那箭手——我的主人——睡着了。但即使在睡眠中，他也不放松我，我挨近他躺着。我像那把弓，感到他的手放在我光滑的木杆上。那只丰美的手、那些修长而柔软的手指，它们用纤嫩的肌肤抚弄着在黑夜中奏鸣的一根弦线。我使自己的颤动溶入他身体的颤动中，我战栗着，等候苏醒的瞬间，那时，我就会被神圣的箭手搂入他的怀抱里。

所有我们这些有生命的人都在他掌中；灵智与身体，人、兽、元素——水与火——气流与树脂——一切有生之物……

生存有什么可以恐惧的呢？要生活，就必须行动。您在哪里，箭手，我在向您呼唤，生命之弓就横在您的脚下。俯下身来，捡起我吧！把箭搭在我的弓弦上，射吧！

我的箭嗖地飞去了，犹如飘忽的羽翼。那箭手把手挪回来，搁在肩头，一面注视着向远方消失的飞矢，一面注视着已经射过的弓弦渐渐地由震颤而归于凝止。

谁能解释神秘的宣泄呢？一切生命的意义就在于此——在于创造的刺激。

生活在这刺激的状态中，是万物共同的期待。我常观察我们那些小同胞，那些兽类与植物奇异的睡眠——那些禁锢在茎衣中的树木、做梦的反刍动物、梦游的马、终生懵懵懂懂的生物。而我在它们身上却感到一种不自觉的智慧，其中不无一些悒郁的微光，显出思想快形成了："究竟什么时候才行动呢？"

微光隐没。它们又入睡了，疲倦而听天由命……

"还没到时候呐。"我们必须等待。

我们一直等待着，我们这些人类。时候毕竟到了。

可是对于某些人，创造的使者只站在门口；对于另一些人，他却进去了，他用脚碰碰他们："醒来！前进！"

我们一跃而起：咱们走！

我之所以生存，因为我创造。生命的第一个运动是创造。一个新生的男孩刚从母亲子宫里冒出来时，就立刻洒下几滴精液。一切都是种子，身体和心灵均如此。每一种健全的思想是一颗植物种子的包壳，传播着输送生命的花粉。造物主不是一个劳作了六天而在安息日休憩

第四章 经营生命——让生命之树常青

的有组织的工人。安息日就是主日，是造物主那伟大的创造日。造物主不知道还有什么别的日子。如果他停止创造，即使是一刹那，他也会死去。因为"空虚"时刻张着两颚等着他……颚骨，吞下吧，别做声！巨大的播种者散布着种子，仿佛流泻的阳光；而每一颗洒下来的渺小种子就像另一个太阳。倾泻吧，未来的收获，无论肉体或精神的！精神或肉体，反正都是同样的生命之源泉。

"我的不朽的女儿，刘克屈拉和曼蒂尼亚……"我产生我的思想和行动，作为我身体的果实……永远把血肉赋予文字……这是我的葡萄汁，正如收获葡萄的工人在大桶中用脚踩出的一样。

因此，我一直创造着……

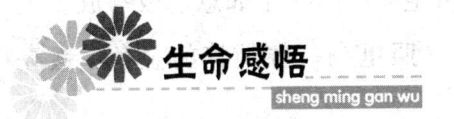

生命感悟

"我之所以生存，因为我创造。"从出生那刻起，生命与创造便紧密相连。

从远古时期祖先探索出钻木取火，结束了人类茹毛饮血的时代，到现在科学家让新发明不断更新换代，我们一直在创造。

创造，即是突破。人贵有勇于挑战，突破自我的秉性。而每一次挑战与突破，又为下一次生命的创造提供了历练和资本。

生命贵于创造，所以，不要让我们的智慧，止步在创造的瓶颈。

生命如屋

张丽钧

生命中的每一天究竟该怎样度过？听到过两种截然相反的说法。一种说法认为：将生命中的每一天当做生命的第一天去过，带着最初看到这世界的新鲜与惊喜，让充满好奇的眼睛在寻常的天地间读出大美，让心在与万物的美好交流中感到无比的欣幸与满足；另一种说法却是：将生命中的每一天当做生命的最后一天去过，带着即将辞世的留恋与珍惜，及时兑现梦想，及时将生命中的"不如意"改写成"大如意"，宽宥他人，感谢命运，在夕照里掬一捧纯粹的金色，镀亮心情。

我同样地喜爱着这两种说法。我愿意让自己热爱世界的心永葆"第一天"的新奇和敏感，也愿意让自己珍惜世界的心永远怀有"最后一天"的警醒和勇毅。

很久了，我一直不能忘怀那个叫乔治的人。这个不幸的建筑师被命运亏待、捉弄——妻子离他而去，儿子被判给妻子后，沉溺于毒品不能自拔，并且和乔治关系疏远。乔治对自己做了 20 年的工作也极不满意，终于在气急之下和上司大吵一架，愤然辞职，冲出了办公室。这个乔治已经够倒霉了，但是，更倒霉的事情又出现了——他被告知得了癌症，仅剩下几个月的生命了。

潦倒的乔治，就像父亲留给他的那幢建在海边的破旧不堪、摇摇欲坠的旧房子。濒临死亡的生命，濒临倒塌的房屋，乔治的世界凄惨

第四章 经营生命——让生命之树常青

到了极点。但是，命运一次次的棒喝却将他打醒了，他下决心改变自己似乎再也难以改变的生活。倒计时的生命之钟在耳畔滴答作响。

乔治要在这人生的最后几个月里重活一回。

他决定将海边那幢破旧的房子按照自己多年来梦想的样子重新修葺。似乎直到这时，徒然浪费了几十载宝贵生命的乔治才恍然明了，自己这个建筑师原是可以为自己建造一幢美丽房舍的！他隐瞒了自己的病情，邀请儿子暑假来海边和自己一道修建房屋，而终日无所事事的妻子开始主动给父子俩送饭，慢慢地，竟也加入了他们的行列。

海风吹拂，阳光强烈。父子俩在劳动中重建亲情，夫妻俩也在劳动中鸳梦重温。儿子摆脱了毒品的困扰，并得到了甜蜜的爱情。妻子对乔治有了全新的认识。房子建起来的时候，爱也成长起来……

这是美国电影《生命如屋》中的情节。这部影片，以"爱的重建"与"屋的重建"，给人以生命"第一天"和"最后一天"的强烈震撼和深刻启迪。不幸而又万幸的乔治，将人生之悟砌进了墙里。我相信，即使他命赴九泉，也会含笑忆及自己生命尾声中重获的那一次"浓缩版"的、有价值的生命——爱的体验，情的升华，咀嚼人生况味的晨昏，房屋矗立起来时强烈的成就感……

生命总在不觉间流逝。日子被日渐麻木的人过得旧了、更旧了。"第一天"和"最后一天"的提醒，其实是善爱者为自己和他人出的一道人生思考题。在这道思考题面前，愿倦怠麻痹或紧张忙碌的你能有片刻沉吟。问问自己，在激情燃烧过后，是否曾守着灰烬恹恹度日？在人生谢幕之前，是否曾锁着眉头打发时光？在"第一天"和"最后一天"之间，岁月那么漫长，漫长得让人误以为凋零只是远方别人的事。你愿不愿意随乔治一同醒来？像诗人一样活着，像农夫一样劳作，

生命的价值和意义

赞美阳光，享受生命……

生命如屋，值得我们带上所有的热情与智慧去悉心建造。

生命感悟
sheng ming gan wu

看过几个经典的问题：人的生命有几天？答曰：两天。今天，明天；最重要的是哪天？答曰：第一天和最后一天。

是的，撇过逝去的昨天，我们活在今天和明天，而第一天给予我们新生，最后一天则教会我们留恋。

人生苦短，很多人习惯沉溺于昨天的无可挽回，而又忽略了第一天到最后一天的短暂。

好日子，要慢慢品尝；坏日子，要飞快地过。每个人都是自己生命的建筑师，只是设计的草样不同。或许建筑过程中会有风吹雨打，甚至坍塌，但只要信念不倒，每个人都会最终收获自己的坚实城堡。

第四章　经营生命——让生命之树常青

生命中的首要

[法] 雅克·萨洛美

我们每人都有一些首要的事，只不过我们并不将它们置于同一层次，因为这涉及我们生活的各个层面，而在我们不同人看来，这些层面可能是对立的。

"像我今天这样的人，首要的是什么呢？"

"像我这样作为丈夫、父亲、职业者、曾经的孩子、公民，首要的又是什么？"

"作为汽车司机，作为人际关系的塑造者，首要的又是什么呢？"

有时，我们可能难以分清"首要"和"紧要"。

在危机、冲突、威胁的情形中所产生的不安迫使我们做出选择将某些决定列为首要，而不是其余那些在多少有点儿散乱的情感压力下做出的选择。

"紧急"最明显的特征就是"反应性"的方面，我甚至把它看成一个非选择的过程；"首要"的最大特征就是其"关系性"的方面，是一个有充分认识和反思的选择过程。

有效的选择总意味着放弃、失望、更明晰的承诺，甚至可能是痛苦的决裂。

"35岁时，当我有了第三个孩子，我决定我的首要就是做一个好母亲，我已放弃了重要的职位，以便全身心照顾好他们。"

"我的首要就是我的个人信念和政治承诺，若我接受这个承诺，那我将不得不为之操劳奔波、并会牺牲自己的一部分人格，那我将会觉得背叛了自己。我失业了，我不得不又面临其他类似的选择……"

去确定别人生命中的首要不是我的责任，我最多只说说自己的。在我看来，对于像我今天这样的人，首要的事情有：

* 保持经济上的自治，并在此之上保持独立。

* 若别人还未过分苛求，或者并未超出我的宽容的限度，那么应忠于自己的承诺。

* 在所有关系中都能够尊重自己，亦即在自己所感觉的、经历的，在自己所说的、所做的一切里，能感觉自己处在一个协调的位置。

* 注意不去伤害生命，不论是自己的还是别人的。

* 对和周围的人的关系的质量保持警惕，避免维持那种浪费精力的关系。

* 坦诚对待爱情，接受幸福的短暂。

现在我意识到，在我的首要中，既有永恒，也有变化。

然而，我发现我可能会过一种充满冲突的生活，我唯一的自由就是选择的自由，亦即能暂时或更长久地放弃一些操守、行动甚至一些承诺，以保持与内心向往的一致与和谐。

我希望它们不过分矛盾，希望它们能自我协调。

在这方面，只有我们自己才应为这种自由付出代价。

第四章 经营生命——让生命之树常青

生命感悟
sheng ming gan wu

人不得不选择去做的，是必要；经过思考后选择去做的，是首要。

亲情、事业、公益，所占每个人生命的比重不同，所以每个人生命中的首要也不尽相同。只是有时候，我们想要的，往往是得不到的；得到的，未必是真正需要的；而需要的，不一定就是生命中首要的。我们需要给自己的人生排序。只有有了秩序和顺序，我们的生命才会井然有序。明白了什么是自己首要的，我们的人生才会真正有意义。

生命的价值和意义

生命的账单

梅桑榆

人对于金钱的开支,大多比较留心,购某物花了多少钱,办某事花了多少钱,即使不像账房先生那样笔笔入账,心中也有一本大致的账单,但对于时间的付出,却往往不大在意。如果有谁为人们在工作、生活等方面所用去的时间一一予以记录,列出一份"生命的账单",不仅十分有趣,而且可能会令人有所感悟,有所警醒。

法国《兴趣点》杂志对人一生中对时间的支配做过一次推算:"站着:30年;睡着:23年;坐着:17年;走着:16年;跑着:1年零75天;吃着:6~7年;看电视:6年;开车:5年;做梦:4年;聊天谈笑:1年零258天;做饭:1年零195天;穿衣:1年零166天;排队:1年零135天;过节:1年零75天;阅读:250天;如厕:195天;刷牙:92天;哭:50天;说'你好':8天;看时间:3天。"英国广播公司也曾委托人体研究专家对人的一生进行了"量化"分析,有些数字可以作为这一推算的补充:"沐浴:2年;等候入睡:18周;打电话:2年半;等人回电话:1周;男士们一生中无所事事的时间:2年半。"以上推算和量化分析并不全面,而且有些数字也不具很强的说服力和可信性,但却也为我们大致列出了一个生命的账单。

这份账单上的一连串数字,使我吃惊不小,并且暗暗为自己算了一笔时间账。我年轻时有过酗酒的经历,与人聚饮很少不醉,而一醉就要沉睡数小时,醒来之后,大脑仍是晕晕乎乎、昏昏沉沉,不能正

第四章 经营生命——让生命之树常青

常投入工作。我算了一下酗酒所耗费的时间：饮酒与沉睡至少要耗去 8 小时（醒后浑浑噩噩的状态尚不算在内），即一个工作日，每月以 8 次计，一年就要耗去 96 个工作日，如果酗酒 30 年，就要耗去 2880 个工作日。幸亏我后来改变了环境，不再沉醉于酒，我生命的账单上才减少了这笔完全不必要的开支。我是个烟民，我算了一下抽烟所耗费的时间：我抽一支烟需时 5 分钟左右，并且在抽烟时要停下手中的工作或因抽烟而推迟做某事，我每日抽烟一包，耗时 100 分钟，一年就是 36000 分钟，也即 600 个小时。如果我做 40 年的烟民，就要为抽烟耗去 24000 个小时，即 3000 个工作日。如果将这些时间用于读书写作，我将要多读多少书，多写多少文章？除此之外，懒觉和无所事事是两头永远喂不饱的猪，不知吞掉了我多少原本可以用于工作的时间。

  任意空耗时光者当然并非我一人。有的人乐于闲聊，一日无人与他扯谈就觉得度日如年；有的人乐于作长夜饮，二三酒友相聚没五六个小时不能尽兴；有的人乐于赌，垒起"长城"常常通宵不疲；有的人乐于煲电话粥，抓着话筒聊上一两个小时仍言犹未尽；有的人乐于睡，别说日出三竿，即使红日当顶他仍高卧不起……这些人的生命账单上，有些数字就要改写，或是聊天 8 年，或是饮酒 6 年，或是打电话 5 年，或是搓麻将 12 年，或是睡觉 30 年……《兴趣点》杂志根据推算结果得出结论：成年人一年醒着的时间里，只有 40% 用于工作。而上述这些空耗时光的人，用于工作的时间，恐怕只能有 20% ~ 30%，甚至更少。

  人们对于自己存折上的数字，总是了然于心，每项开支总有其目的性，若是花了不当花的钱，心里就会又后悔、又惋惜。殊不知生命也像一个存折，这个存折上的数字只会减少而不会增加，如果我们将

生命的价值和意义

一部分生命支付于无意义的事情上，便会给有意义的工作造成无法弥补的损失。每一个珍爱生命、并且不愿白活一生的人，都应该经常查看一下自己生命的账单，将以往的支出盘盘点，总结教训，纠正失误，制定合理的计划，尽量压缩不必要的支出，像开支金钱一样开支组成生命的每一天。

生命感悟
sheng ming gan wu

　　生命是一笔昂贵的开支，吃饭、睡觉、恋爱、婚育，都有一笔笔昂贵的利息，而且永远无法还清。因为，生命只有一次。

　　跟金钱的账单最大的不同就是，金钱可以花了再挣，生命消耗了却不再，永远只是单行线。所以，我们不抽烟，不是在节约烟草的开支，更是在节约我们的健康；我们不酗酒，不是在心疼酒精的花销，而是在珍惜我们清醒的光阴。

　　因为我们知道，一旦到了生命的终点，这笔账单上欠债的多寡，便是对我们人生的终审。一切意义或者无意义，一览无遗。所以，请节约你生命中的每一笔"开支"，因为面对这条单行线，我们能做到的，也只有节约。

第四章 经营生命——让生命之树常青

青春小语

〔台湾〕罗 兰

问问自己，你要得到什么？你最喜欢最向往的东西是什么？你先在心里为自己找到答案。也许，你喜欢发财，也许你喜欢发了财以后，为自己弄一片果园；也许你打算出国；也许你想参加高考；也许你想成为音乐家、画家或作家。那么，等你确定了你的目标之后，你会发现生活中有许多项目突然变得有意义起来，而另外又有些项目突然变得不重要起来。那时，你就会找到一些可以把自己发动的力量，让自己不再那么毫无目的地懒惰下去了。

在不适合自己志愿的路上奔波，犹如穿上一双不合适的鞋，会令你十分痛苦。

一个人只有在他为自己的兴趣和志愿去追求和努力的时候，他才觉得他的人生是有目的的。奉劝对人生有怀疑的同学们，好好想一想，你喜欢什么？你擅长什么？你想做些什么？放下一切的功利，一切的虚荣，坚决地朝着你所认定的方向去追求，你就不会再觉得苦闷和彷徨了。

果断可以使自己坚定不变，担当可以消除个人患得患失的痛苦。后悔是对自己的一种惩罚，与其后悔不如改过，立刻给自己找一个新

生命的价值和意义

的起点，从头做起。

世间事物，你有所取，就必定有所舍。在你取得一件东西的同时，也必定会失去一件东西。取舍之间要有胆量。

你要明白，两条路，你反正只能选择一条。而这两条路的利弊也往往不是绝对的。你有所得，就有所失。只有你衡量过其中一条的利多弊少，你就只好放弃另外那条路上那少量的利益了。

不要挑剔已经选择了的东西，而要去记住你当初选择它的时候，所看到的它的好处。

既然当初是你自己认为有理由这样决定的，那么，那个理由一定不会无缘无故地消失，要坚信自己的决定，已经放弃了的，就随它吧。

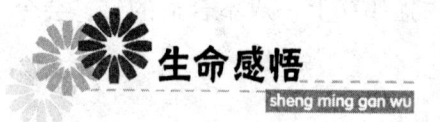

生命感悟
sheng ming gan wu

忽然想起若干年前风靡校园的一首民谣《青春》："青春的花开花谢，让我疲惫却不后悔，四季的雨飞雪飞，让我心醉却不堪憔悴。"

短暂的时光与永远的怀念，甜蜜的回忆掺杂淡淡的忧伤，永远是青春不变的主旋律。难以想象，没有感恩，没有回忆的青春是多么灰暗和无力。这段生命中最美好的年华，如果没有过热情和激情的历练，将是多么苍白的遗憾。

力求知，谨做人，严律己。但愿回首往事的时候，我们的青春不会只剩下一种色彩的回忆。

第四章　经营生命——让生命之树常青

生命的三分之一

邓　拓

一个人的生命究竟有多大意义，这有什么标准可以衡量吗？提出一个绝对的标准当然很困难，但是，大体上看一个人对待生命的态度是否严肃认真，看他对待劳动、工作等等的态度如何，也就不难对这个人的存在意义做出适当的估计了。

古来一切有成就的人，都很严肃地对待自己的生命，当他活着一天，总要尽量多劳动、多工作、多学习，不肯虚度年华，不让时间白白浪费掉。我国历史的劳动人民以及大政治家、大思想家等等都莫不如此。

班固写的《汉书·食货志》上有下面的记载："冬，民既入；妇人同巷，相从夜绩，女工一月得四十五日。"

这几句读起来很奇怪，怎么一月能有四十五天呢？再看原文底下颜师古做了注解，他说："一月之中，又得夜半为十五日，共四十五日。"

这就很清楚了。原来我国的古人不但比西方各国的人更早地懂得科学地、合理地计算劳动日，而且我们的古人老早就知道对于日班和夜班的计算方法。

一个月本来只有 30 天，古人把每个夜晚的时间算做半日，就多了 15 天。从这个意义上说来，夜晚的时间实际上不就等于生命的三分之一吗？

生命的价值和意义

对于这三分之一的生命，不但历代的劳动人民如此重视，而且有许多大政治家也十分重视。班固在《汉书·刑法志》里还写道：

"秦始皇躬操文墨，昼断狱，夜理书。"

有的人一听说秦始皇就不喜欢他，其实秦始皇毕竟是中国历史上的一个伟大人物，班固对他也还有一些公平的评价。这里写的是秦始皇在夜间看书学习的情形。

据刘向的《说苑》所载，春秋战国时有许多国君都很注意学习。如：

"晋平公问于师旷曰：'吾年七十，欲学恐已暮矣。'师旷曰：'如何不炳烛乎？'"

在这里，师旷劝70岁的晋平公点灯夜读，拼命抢时间，争取这三分之一的生命不至于继续浪费，这种精神多么可贵啊！

《北史·吕思礼传》记述这个北周大政治家生平勤学的情形是：

"虽务兼军国，而手不释卷。昼理政事，夜即读书，令苍头执烛，烛烬夜有数升。"

光是烛灰一夜就有几升之多，可见他夜读何等勤奋了。像这样的例子还有很多。

为什么古人对于夜晚的时间都这样重视，不肯轻易放过呢？我认为这就是他们对待自己生命的三分之一的严肃认真态度，这正是我们所应该学习的。

我之所以想利用夜晚的时间，向读者同志们做这样的谈话，目的也不过是要引起大家注意珍惜这三分之一的生命，使大家在整天的劳动、工作以后，以轻松的心情，领略一些古今有用的知识而已。

第四章　经营生命——让生命之树常青

生命感悟
sheng ming gan wu

托尔斯泰说:"白天,我们忙着工作和琐事;夜晚,我们思考和休息。"道出了人生常态。然而生命如此短暂,睡去三分之一,我们还能剩下多少?

对于大部分人来讲,白天的时间要工作,要交际,要养家糊口,可以说是被安排着去做的,身不由己。而夜晚,难得可以褪下一身疲惫,安眠我们不堪重负的身体和神经。只是,热爱生命的人更愿意腾出一部分时间去思考,去学习,去创造。

有多少灵秀的篇章,出自某个夜晚感性的手笔?又有多少发明的灵光,乍现于某个夜晚智慧的头颅?珍惜这可以由中间分配的三分之一吧,你知道有多少奇迹和惊喜,在这三分之一的生命里,等待着你去发现,去创造?

敬　　启

　　本书的编选，参阅了大量报刊和著述，从中得到了不少启示，也汲取了其中的智慧菁华，谨向各位专家、学者表示崇高的敬意。但是由于联系上的困难，部分入选文章的作者未能取得联系，谨致深深的歉意。敬请原作者见到本书后，及时与我们联系，以便我们按照国家有关规定支付稿酬并赠送样书。